心一堂術數古籍珍本叢刊

書名：奇門詮正
系列：心一堂術數古籍珍本叢刊　三式類　奇門遁甲系列　第二輯　230
作者：【民國】曹仁麟 撰
主編、責任編輯：陳劍聰
心一堂術數古籍珍本叢刊編校小組：陳劍聰　素聞　梁松盛　鄒偉才　虛白盧主

出版：心一堂有限公司
通訊地址：香港九龍旺角彌敦道六一〇號荷李活商業中心十八樓〇五－〇六室
深港讀者服務中心・中國深圳市羅湖區立新路六號羅湖商業大廈負一層〇〇八室
電話號碼：(852)67150840
網址：publish.sunyata.cc
電郵：sunyatabook@gmail.com
網店：http://book.sunyata.cc
淘寶店地址：https://shop210782774.taobao.com
微店地址：https://weidian.com/s/1212826297
臉書：https://www.facebook.com/sunyatabook
讀者論壇：http://bbs.sunyata.cc/

版次：二零一七年八月初版
平裝

定價：港幣　一百五十元正
　　　新台幣　五百九十八元正

國際書號：ISBN 978-988-8317-60-8

香港發行：香港聯合書刊物流有限公司
地址：香港新界大埔汀麗路36號中華商務印刷大廈3樓
電話號碼：(852)2150-2100
傳真號碼：(852)2407-3062
電郵：info@suplogistics.com.hk

台灣發行：秀威資訊科技股份有限公司
地址：台灣台北市內湖區瑞光路七十六巷六十五號一樓
電話號碼：+886-2-2796-3638
傳真號碼：+886-2-2796-1377
網絡書店：www.bodbooks.com.tw
台灣國家書店讀者服務中心：
地址：台灣台北市中山區松江路二〇九號一樓
電話號碼：+886-2-2518-0207
傳真號碼：+886-2-2518-0778
網絡書店：http://www.govbooks.com.tw

中國大陸發行　零售：深圳心一堂文化傳播有限公司
深圳地址：深圳市羅湖區立新路六號羅湖商業大廈負一層〇〇八室
電話號碼：(86)0755-82224934

心一堂微店二維碼

心一堂淘寶店二維碼

心一堂術數古籍 珍本整理 叢刊 總序

術數定義

術數，大概可謂以「推算（推演）、預測人（個人、群體、國家等）、事、物、自然現象、時間、空間方位等規律及氣數，並或通過種種『方術』，從而達致趨吉避凶或某種特定目的」之知識體系和方法。

術數類別

我國術數的內容類別，歷代不盡相同，例如《漢書・藝文志》中載，漢代術數有六類：天文、曆譜、五行、蓍龜、雜占、形法。至清代《四庫全書》，術數類則有：數學、占候、相宅相墓、占卜、命書、相書、陰陽五行、雜技術等，其他如《後漢書・方術部》、《藝文類聚・方術部》、《太平御覽・方術部》等，對於術數的分類，皆有差異。古代多把天文、曆譜、及部分數學均歸入術數類，而民間流行亦視傳統醫學作為術數的一環；此外，有些術數與宗教中的方術亦往往難以分開。現代民間則常將各種術數歸納為五大類別：命、卜、相、醫、山，通稱「五術」。

本叢刊在《四庫全書》的分類基礎上，將術數分為九大類別：占筮、星命、相術、堪輿、選擇、三式、讖諱、理數（陰陽五行）、雜術（其他）。而未收天文、曆譜、算術、宗教方術、醫學。

術數思想與發展——從術到學，乃至合道

我國術數是由上古的占星、卜筮、形法等術發展下來的。其中卜筮之術，是歷經夏商周三代而通過「龜卜、蓍筮」得出卜（筮）辭的一種預測（吉凶成敗）術，之後歸納並結集成書，此即現傳之《易

經》。經過春秋戰國至秦漢之際，受到當時諸子百家的影響、儒家的推崇，遂有《易傳》等的出現，原本是卜筮術書的《易經》，被提升及解讀成有包涵「天地之道（理）」之學。因此，《易·繫辭傳》曰：「易與天地準，故能彌綸天地之道。」

漢代以後，易學中的陰陽學說，與五行、九宮、干支、氣運、災變、律曆、卦氣、讖緯、天人感應說等相結合，形成易學中象數系統。而其他原與《易經》本來沒有關係的術數，如占星、形法、選擇，亦漸漸以易理（象數學說）為依歸。《四庫全書·易類小序》云：「術數之興，多在秦漢以後。要其旨，不出乎陰陽五行，生尅制化。實皆《易》之支派，傅以雜說耳。」至此，術數可謂已由「術」發展成「學」。

及至宋代，術數理論與理學中的河圖洛書、太極圖、邵雍先天之學及皇極經世等學說給合，通過術數以演繹理學中「天地中有一太極，萬物中各有一太極」（《朱子語類》）的思想。術數理論不單已發展至十分成熟，而且也從其學理中衍生一些新的方法或理論，如《梅花易數》、《河洛理數》等。

在傳統上，術數功能往往不止於僅僅作為趨吉避凶的方術，及「能彌綸天地之道」的學問，亦有其「修心養性」的功能，「與道合一」（修道）的內涵。《素問·上古天真論》：「上古之人，其知道者，法於陰陽，和於術數。」數之意義，不單是外在的算數、歷數、氣數，而是與理學中同等的「道」、「理」--心性的功能，北宋理氣家邵雍對此多有發揮：「聖人之心，是亦數也」、「萬化萬事生乎心」、「心為太極」。《觀物外篇》：「先天之學，心法也。……蓋天地萬物之理，盡在其中矣，心一而不分，則能應萬物。」反過來說，宋代的術數理論，受到當時理學、佛道及宋易影響，認為心性本質上是等同天地之太極。天地萬物氣數規律，能通過內觀自心而有所感知，即是內心也已具備有術數的推演及預測、感知能力；相傳是邵雍所創之《梅花易數》，便是在這樣的背景下誕生。

《易·文言傳》已有「積善之家，必有餘慶；積不善之家，必有餘殃」之說，至漢代流行的災變說及讖緯說，我國數千年來都認為天災，異常天象（自然現象），皆與一國或一地的施政者失德有關；下至家族、個人之盛衰，也都與一族一人之德行修養有關。因此，我國術數中除了吉凶盛衰理數之外，人心的德行修養，也是趨吉避凶的一個關鍵因素。

術數與宗教、修道

在這種思想之下，我國術數不單只是附屬於巫術或宗教行為的方術，又往往是一種宗教的修煉手段──通過術數，以知陰陽，乃至合陰陽（道）。「其知道者，法於陰陽，和於術數。」例如，「奇門遁甲」術中，即分為「術奇門」與「法奇門」兩大類。「法奇門」中有大量道教中符籙、手印、存想、內煉的內容，是道教內丹外法的一種重要外法修煉體系。甚至在雷法一系的修煉上，亦大量應用了術數內容。此外，相術、堪輿術中也有修煉望氣（氣的形狀、顏色）的方法；堪輿家除了選擇陰陽宅之吉凶外，也有道教中選擇適合修道環境（法、財、侶、地中的地）的方法，以至通過堪輿術觀察天地山川陰陽之氣，亦成為領悟陰陽金丹大道的一途。

易學體系以外的術數與的少數民族的術數

我國術數中，也有不用或不全用易理作為其理論依據的，如揚雄的《太玄》、司馬光的《潛虛》。也有一些占卜法、雜術不屬於《易經》系統，不過對後世影響較少而已。

外來宗教及少數民族中也有不少雖受漢文化影響（如陰陽、五行、二十八宿等學說。）但仍自成系統的術數，如古代的西夏、突厥、吐魯番等占卜及星占術，藏族中有多種藏傳佛教占卜術、苯教占卜術、擇吉術、推命術、相術等；北方少數民族有薩滿教占卜術；不少少數民族如水族、白族、布朗族、佤族、彝族、苗族等，皆有占雞（卦）草卜、雞蛋卜等術，納西族的占星術、占卜術，彝族畢摩的推命術、占卜術……等等，都是屬於《易經》體系以外的術數。相對上，外國傳入的術數以及其理論，對我國術數影響更大。

曆法、推步術與外來術數的影響

我國的術數與曆法的關係非常緊密。早期的術數中，很多是利用星宿或星宿組合的位置（如某星在某州或某宮某度）付予某種吉凶意義，并據之以推演，例如歲星（木星）、月將（某月太陽所躔之宮次）等。不過，由於不同的古代曆法推步的誤差及歲差的問題，若干年後，其術數所用之星辰的位置，已與真實星辰的位置不一樣了；此如歲星（木星），早期的曆法及術數以十二年為一周期（以應地支），與木星真實周期十一點八六年，每幾十年便錯一宮。後來術家又設一「太歲」的假想星體來解決，是歲星運行的相反，週期亦剛好是十二年。而術數中的神煞，很多即是根據太歲的位置而定。又如六壬術中的「月將」，原是立春節氣後太陽躔娵訾之次而稱作「登明亥將」，至宋代，因歲差的關係，要到雨水節氣後太陽才躔娵訾之次，當時沈括提出了修正，但明清時六壬術中「月將」仍然沿用宋代沈括修正的起法沒有再修正。

由於以真實星象周期的推步術是非常繁複，而且古代星象推步術本身亦有不少誤差，大多數術數除依曆書保留了太陽（節氣）、太陰（月相）的簡單宮次計算外，漸漸形成根據干支、日月等的各自起例，以起出其他具有不同含義的眾多假想星象及神煞系統。唐宋以後，我國絕大部分術數都主要沿用這一系統，也出現了不少完全脫離真實星象的術數，如《子平術》、《紫微斗數》、《鐵版神數》等。後來就連一些利用真實星辰位置的術數，如《七政四餘術》及選擇法中的《天星選擇》，也已與假想星象及神煞混合而使用了。

隨着古代外國曆（推步）、術數的傳入，如唐代傳入的印度曆法及術數，元代傳入的回回曆等，其中我國占星術便吸收了印度占星術中羅睺星、計都星等而形成四餘星，又通過阿拉伯占星術而吸收了其中來自希臘、巴比倫占星術的黃道十二宮、四大（四元素）學說（地、水、火、風），並與我國傳統的二十八宿、五行說、神煞系統並存而形成《七政四餘術》。此外，一些術數中的北斗星名，不用我國傳統的星名：天樞、天璇、天璣、天權、玉衡、開陽、搖光，而是使用來自印度梵文所譯的：貪狼、巨門、祿存、文曲，廉貞、武曲、破軍等，此明顯是受到唐代從印度傳入的曆法及占星術所影響。如星命術中的《紫微斗數》及堪輿術中的《撼龍經》等文獻中，其星皆用印度譯名。及至清初《時憲曆》，置閏之法則改用西法「定氣」。清代以後的術數，又作過不少的調整。

此外，我國相術中的面相術、手相術，唐宋之際受印度相術影響頗大，至民國初年，又通過翻譯歐西、日本的相術書籍而大量吸收歐西相術的內容，形成了現代我國坊間流行的新式相術。

陰陽學——術數在古代、官方管理及外國的影響

術數在古代社會中一直扮演着一個非常重要的角色，影響層面不單只是某一階層、某一職業、某一年齡的人，而是上自帝王，下至普通百姓，從出生到死亡，不論是生活上的小事如洗髮、出行等，大事如建房、入伙、出兵等，從個人、家族以至國家，從天文、氣象、地理到人事、軍事，從民俗、學術到宗教，都離不開術數的應用。我國最晚在唐代開始，已把以上術數之學，稱作陰陽（學），行術數者稱陰陽人。（敦煌文書、斯四三二七唐《師師漫語話》：「以下說陰陽人謾語話」，此說法後來傳入日本，今日本人稱行術數者為「陰陽師」）。一直到了清末，欽天監中負責陰陽術數的官員中，以及民間術數之士，仍名陰陽生。

古代政府的中欽天監（司天監），除了負責天文、曆法、輿地之外，亦精通其他如星占、選擇、堪輿等術數，除在皇室人員及朝庭中應用外，也定期頒行日書、修定術數，使民間對於天文、日曆用事吉凶及使用其他術數時，有所依從。

我國古代政府對官方及民間陰陽學及陰陽官員，從其內容、人員的選拔、培訓、認證、考核、律法監管等，都有制度。至明清兩代，其制度更為完善、嚴格。

宋代官學之中，課程中已有陰陽學及其考試的內容。（宋徽宗崇寧三年〔一一零四年〕崇寧算學令：「諸學生習……並曆算、三式、天文書。」「諸試……三式即射覆及預占三日陰陽風雨。天文即預

定一月或一季分野災祥，並以依經備草合問為通。」

金代司天臺，從民間「草澤人」（即民間習術數人士）考試選拔：「其試之制，以《宣明曆》試推步，及《婚書》、《地理新書》試合婚、安葬，並《易》筮法，六壬課、三命、五星之術。」（《金史》卷五十一・志第三十二・選舉一）

元代為進一步加強官方陰陽學對民間的影響、管理、控制及培育，除沿襲宋代、金代在司天監掌管陰陽學及中央的官學陰陽學課程之外，更在地方上增設陰陽學課程（《元史・選舉志一》：「世祖至元二十八年夏六月始置諸路陰陽學。」）地方上也設陰陽學教授員，培育及管轄地方陰陽人。（《元史・選舉志一》：「（元仁宗）延祐初，令陰陽人依儒醫例，於路、府、州設教授員，凡陰陽人皆管轄之，而上屬於太史焉。」）自此，民間的陰陽術士（陰陽人），被納入官方的管轄之下。

至明清兩代，陰陽學制度更為完善。中央欽天監掌管陰陽學，明代地方縣設陰陽學正術，各州設陰陽學典術，各縣設陰陽學訓術。陰陽人從地方陰陽學肄業或被選拔出來後，再送到欽天監考試。（《大明會典》卷二二三：「凡天下府州縣舉到陰陽人堪任正術等官者，俱從吏部送（欽天監），考中，送回選用；不中者發回原籍為民，原保官吏治罪。」）清代大致沿用明制，凡陰陽術數之流，悉歸中央欽天監及地方陰陽官員管理、培訓、認證。至今尚有「紹興府陰陽印」、「東光縣陰陽學記」等明代銅印，及某某縣某某之清代陰陽執照等傳世。

清代欽天監漏刻科對官員要求甚為嚴格。《大清會典》「國子監」規定：「凡算學之教，設肄業生。滿洲十有二人，蒙古、漢軍各六人，於各旗官學內考取。漢十有二人，於舉人、貢監生童內考取。附學生二十四人，由欽天監選送。教以天文演算法諸書，五年學業有成，舉人引見以欽天監博士用，貢監生童以天文生補用。」學生在官學肄業、貢監生肄業或考得舉人後，經過了五年對天文、算法、陰陽學的學習，其中精通陰陽術數者，會送往漏刻科。而在欽天監供職的官員，《大清會典則例》「欽天監」規定：「本監官生三年考核一次，術業精通者，保題升用。不及者，停其升轉，再加學習。如能黽勉供職，即予開復。仍不及者，降職一等，再令學習三年，能習熟者，准予開復，仍不能者，黜退。」除定期考核以定其升用降職外，《大清律例》中對陰陽術士不準確的推斷（妄言禍福）是要治罪的。《大清律例·一七八·術七·妄言禍福》：「凡陰陽術士，不許於大小文武官員之家妄言禍福，違者杖一百。其依經推算星命卜課，不在禁限。」大小文武官員延請的陰陽術士，自然是以欽天監漏刻科官員或地方陰陽官員為主。

官方陰陽學制度也影響鄰國如朝鮮、日本、越南等地，一直到了民國時期，鄰國仍然沿用着我國的多種術數。而我國的漢族術數，在古代甚至影響遍及西夏、突厥、吐蕃、阿拉伯、印度、東南亞諸國。

術數研究

術數在我國古代社會雖然影響深遠，「是傳統中國理念中的一門科學，從傳統的陰陽、五行、九宮、八卦、河圖、洛書等觀念作大自然的研究。……傳統中國的天文學、數學、煉丹術等，要到上世紀中葉始受世界學者肯定。可是，術數還未受到應得的注意。術數在傳統中國科技史、思想史，文化史、社會史，甚至軍事史都有一定的影響。……更進一步了解術數，我們將更能了解中國歷史的全貌。」（何丙郁《術數、天文與醫學中國科技史的新視野》，香港城市大學中國文化中心。）

可是術數至今一直不受正統學界所重視，加上術家藏秘自珍，又揚言天機不可洩漏，「（術數）乃吾國科學與哲學融貫而成一種學說，數千年來傳衍嬗變，或隱或現，全賴一二有心人為之繼續維繫，賴以不絕，其中確有學術上研究之價值，非徒癡人說夢，荒誕不經之謂也。其所以至今不能在科學中成立一種地位者，實有數因。蓋古代士大夫階級目醫卜星相為九流之學，多恥道之；而發明諸大師又故為惝恍迷離之辭，以待後人探索；間有一二賢者有所發明，亦秘莫如深，既恐洩天地之秘，復恐譏為旁門左道，始終不肯公開研究，成立一有系統說明之書籍，貽之後世。故居今日而欲研究此種學術，實一極困難之事。」（民國徐樂吾《子平真詮評註》，方重審序）

現存的術數古籍，除極少數是唐、宋、元的版本外，絕大多數是明、清兩代的版本。其內容也主要是明、清兩代流行的術數，唐宋或以前的術數及其書籍，大部分均已失傳，只能從史料記載、出土文獻、敦煌遺書中稍窺一鱗半爪。

術數版本

坊間術數古籍版本，大多是晚清書坊之翻刻本及民國書賈之重排本，其中豕亥魚魯，或任意增刪，往往文意全非，以至不能卒讀。現今不論是術數愛好者，還是民俗、史學、社會、文化、版本等學術研究者，要想得一常見術數書籍的善本、原版，已經非常困難，更遑論如稿本、鈔本、孤本等珍稀版本。在文獻不足及缺乏善本的情況下，要想對術數的源流、理法、及其影響，作全面深入的研究，幾不可能。

有見及此，本叢刊編校小組經多年努力及多方協助，在海內外搜羅了二十世紀六十年代以前漢文為主的術數類善本、珍本、鈔本、孤本、稿本、批校本等數百種，精選出其中最佳版本，分別輯入兩個系列：

一、心一堂術數古籍珍本叢刊

二、心一堂術數古籍整理叢刊

前者以最新數碼（數位）技術清理、修復珍本原本的版面，更正明顯的錯訛，部分善本更以原色彩色精印，務求更勝原本。并以每百多種珍本、一百二十冊為一輯，分輯出版，以饗讀者。

後者延請、稿約有關專家、學者，以善本、珍本等作底本，參以其他版本，古籍進行審定、校勘、注釋，務求打造一最善版本，方便現代人閱讀、理解、研究等之用。

限於編校小組的水平，版本選擇及考證、文字修正、提要內容等方面，恐有疏漏及舛誤之處，懇請方家不吝指正。

心一堂術數古籍 珍本 整理 叢刊編校小組

二零零九年七月序

二零一四年九月第三次修訂

序言

孤虛王相之說。爲儒者所不廢。孟子言天時。朱子卽引此以釋之。其有關天人之故可見矣。蓋我國學術。以陰陽五行爲天地萬物之源。常据其衰旺變化之迹。以推演事物成敗消長之理。而數卽寓乎其中。奇門者。卽本此理以演成公式。而使人有所探索之法也。但其條理精嚴繁密。易致淆訛。古來著述。大抵多術士竄改僞託。純駁雜糅。真面悉隱。惟烟波釣叟歌爲雅馴可讀之書。然於布局立式之要。亦係鱗爪散見。無具體指陳。學者仍難索解。曹君仁麐。與余共事逾十年。知其深於此道。平生游跡所經。輒尋訪隱逸。搜輯殘編。凡有關壬遁星命之學者。雖歷艱阻。

斥重資不惜也。猶憶公廨促膝。剬牘偶閒。率啜茗雜談。觀其為朋儕決疑事。多奇中。蓋君鑽研既久。更事尤多。固非沾沾牖下者可與比並也。今折衷諸家。詳為詮釋。著成此書。如撥雲霧而覩列星。如斬荊棘而步坦途矣。余本鈍根。未足語於形上之學。然以與君習處。得窺崖略。深幸其書之流傳也。因君索序。輒敢貢其凡說。質之君儻以為然乎。

中華民國三十年辛巳孟秋武進吳鏡予敬序

自序

奇門昉自風后。數本河洛。理究天人。爲精微形上之學。於以覘天道之盈虛。決人事之趨避。靡不效如桴鼓。亘古迄今。人因莫敢或非之者也。顧世之欲治斯學者。其始莫不歡忻奮發。及至廣搜載籍。窮證本原。而乃愈學愈困。馴至求一固定法程。演佈局式。亦卒不可得。此其故何歟。蓋緣夫遁甲著述諸家。去古代已遠。儀奇星門之飛挨。率多出自己意。又或謂八門不適九宮。而跳巽超乾。三元分作兩節。而折上補下。體例各殊。莫衷壹是。要之盤式未能確定。休咎何所較量。無惑乎學者望洋興歎。無從問津。因之中道而止者。固比比皆是矣。余竊嗜斯學。亦嘗涉獵羣書。每於衆說紛紜中。恆苦難於著手。乃復檢取煙波釣叟之三元歌。與夫劉氏青田之遁甲序。伏而誦之。始知陰陽順逆之用。生尅衰旺之理。盡在此二文中。反覆揣摩。歎爲觀止。居常於個人語默出處之間。依法占筮。輒奏奇驗。所謂六經以外別無奇書。古人誠不我欺也。因宗二文義理。釐訂盤式。辨明正誤。並分別宜忌。決定從違。時日既久。積成卷帙。名之曰奇門詮正。書凡五章。曰起例備要。曰盤式起法。曰沿革參證。曰宜忌須知。曰占法彙編。篇章不繁。研習至易。學者按法推演。舉一反三。自無患高遠難求。無師指授。蓋奇門之學。本乎洛書。局雖千變。理仍一貫。神而明之。存乎其人。書首起例盤式二章。爲入學蹊徑。不厭詳爲解說。務使學者。開卷瞭然。由是循序漸進。近取諸身。遠取諸物。以漸至於天人之學。庶亦有階可梯。豈曰小補之哉。

中華民國二十八年己卯季冬上虞曹仁麟序於晗梅書屋

珍倣宋版印

奇門詮正

凡例

一本書爲便利學者自修起見。自起例至占法止。逐章擇要詮釋。苟能依次研習。不難迎刃而解。無師自通。

一本書專爲尋常人事實際之用。務求簡易。凡所採輯不外生尅衰旺之理。其涉於空泛無稽者。均不贅載。所謂易則易知。簡則易從。

一奇門各種書籍。於星門飛加挨轉之法。至難齊一。學者末由取捨。本書參抉三元歌遁甲序原理。釐正盤式。舉例詳明。使人可觀可與。聞一知十。

一奇門最重陰神。故得奇得門得陰。爲吉課之三大要素。諸家未闡明天乙值使起宮異所之說。以致後學順逆誤用。本書特詳爲參證。庶垂絕之古學。得開一線曙光。

一奇門書籍。至爲繁賾。使人目迷五色。醇疵莫辨。作者爲力求時間精神不稍虛費。故本書所載。均擇其最醇最要而不可不知者。始筆之於書。學者務將本書悉心熟習。復從事瀏覽各家專書。庶收聞博見廣之效。

奇門詮正目錄

卷上

第一章　起例備要

卷下

第五章　占法彙錄

奇門詮正　二

奇門詮正卷上

上虞曹仁麟著

第一章　起例備要

洛書　八卦　九宮　星門　方位　總圖

東南	南	西南
巽四杜輔	離九景英	坤二死芮
東		西
震三傷冲	中五禽	兌七驚柱
艮八生任	坎一休蓬	乾六開心
東北	北	西北

說明　洛書之數。爲戴九履一。左三右七。二四爲肩。六八爲足。五居中央也。八卦。卽乾坎艮震巽離坤兌也。九宮。卽一二三四五六七八九也。坎居一宮。位北。坤居二宮。位西南。震居三宮。位東。巽居四宮。位東南。乾居六宮。位西北。兌居七宮。位西。艮居八宮。位東北。離居九宮。位南。九星。卽蓬任冲輔禽英芮柱心也。八門。卽休生傷杜景死驚開也。又蓬星與休門。同位於坎。任星與生門。同位於艮。冲星與傷門。同位於震，輔星與杜門。同位於巽。英星與景門。同位於離。芮星與死門。同位於坤。柱星與驚門。同位於兌。心星與開門。同位於乾。禽星居中。寄於坤宮。

八卦宮位星門歌

坎宮一位起蓬休。芮死還居坤二流。沖星傷門震三位。杜門天輔巽宮周。心開乾六禽星五。天柱驚門兌七求。生任居艮景英九。禽宿無門坤上遊。

九宮八卦五行及所屬色

一宮坎爲水。色白。二宮坤爲土。色黑。三宮震爲木。色碧。四宮巽爲木。色綠。五宮中央爲土。色黃。六宮乾爲金。色白。七宮兌爲金。色赤。八宮艮爲土。色白。八宮離爲火。色紫。

九星五行

天蓬水。天任土。天衝木。天輔木。天禽土。天英火。天芮土。天柱金。天心金。九星之五行。依八卦五行而定。如蓬星位於坎。坎爲水。故蓬星亦爲水。餘類推。

八門五行

休門水。生門土。傷門木。杜門木。景門火。死門土。驚門金。開門金。八門之五行。亦依八卦五行而定。如休門位於坎。坎爲水。故休門亦爲水。餘類推。

九神

一值符。二螣蛇。三太陰。四六合。五勾陳。六白虎。七玄武。八九地。九九天。以太陰六合九地九天四神爲吉。螣蛇勾陳白虎玄武四神爲凶。

六儀

甲子戊。甲戌己。甲申庚。甲午辛。甲辰壬。甲寅癸六甲分遁於戊己庚辛壬癸六儀中。即甲子遁於戊。甲戌遁於己。甲申遁於庚。甲午遁於辛。甲辰遁於壬。甲寅遁於癸。故曰遁甲。

三奇

乙日奇。丙月奇。丁星奇。

六十甲子

甲子。乙丑。丙寅。丁卯。戊辰。己巳。庚午。辛未。壬申。癸酉。甲戌。乙亥。丙子。丁丑。戊寅。己卯。庚辰。辛巳。壬午。癸未。甲申。乙酉。丙戌。丁亥。戊子。己丑。庚寅。辛卯。壬辰。癸巳。甲午。乙未。丙申。丁酉。戊戌。己亥。庚子。辛丑。壬寅。癸卯。甲辰。乙巳。丙午。丁未。戊申。己酉。庚戌。辛亥。壬子。癸丑。

甲寅。乙卯。丙辰。丁巳。戊午。己未。庚申。辛酉。壬戌。癸亥。

六旬符首

甲子至癸酉十時。爲甲子旬。以戊爲符首。甲戌至癸未十時。爲甲戌旬。以己爲符首。甲申至癸巳十時。爲甲申旬。以庚爲符首。甲午至癸卯十時。爲甲午旬。以辛爲符首。甲辰至癸丑十時。爲甲辰旬。以壬爲符首。甲寅至癸亥十時。爲甲寅旬。以癸爲符首。

天干地支

甲乙丙丁戊己庚辛壬癸。爲天干。子丑寅卯辰巳午未申酉戌亥。爲地支。

天干五行

甲乙屬木。丙丁屬火。戊己屬土。庚辛屬金。壬癸屬水。

地支宮位

子居坎宮。丑寅居艮宮。卯居震宮。辰巳居巽宮。午居離宮。未申居坤宮。酉居兌宮。戌亥居乾宮（子午卯酉。各居一宮。位於八卦之四正。丑寅辰巳未申戌亥。同居一宮。位於八卦之四隅。）

五行生剋

金生水。水生木。木生火。火生土。土生金。爲相生。金剋木。木剋土。土剋水。水剋火。火剋金。爲相剋。

五行生旺墓

木生於亥。旺於卯。墓於未。火生於寅。旺於午。墓於戌。金生於巳●旺於酉。墓於丑。水土生於申。旺於子。墓於辰。

支刑

寅刑巳。巳刑申。申刑寅。丑刑戌。戌刑未。未刑丑。爲朋刑。子刑卯。卯刑子。爲互刑。辰刑辰。午刑午。酉刑酉。亥刑亥。爲自刑。

十二月建

正月建寅。二月建卯。三月建辰。四月建巳。五月建午。六月建未●七月建申。八月建酉。九月建戌。十月建亥。十一月建子。十二月建丑。

十二月二十四節歌

正月立春雨水節。二月驚蟄及春分。三月清明並穀雨。四月立夏小滿方。五月芒種及夏至。六月小暑大暑當。七月立秋還處暑。八月白露秋分忙。九月寒露及霜降。十月立冬小雪張。十一月大雪與冬至。十二月小寒大寒昌。

陽遁九局歌

冬至驚蟄一七四。小寒二八五同推。春分大寒三九六。立春八五二相隨。穀雨小滿五二八。雨水九六三為期。清明立夏四一七。芒種六三九為宜。

冬至至芒種十二節。為陽遁。每節十五日。五日為一元。每元換一局。故每節分上中下三元。共換三局也。如上歌。冬至驚蟄一七四。即冬至驚蟄上元。均用陽一局。中元均用陽七局。下元均用陽四局也。餘類推。

陰遁九局歌

夏至白露九三六。小暑八二五之間。大暑秋分七一四。立秋二五八循環。霜降小雪五八二。大雪四七一相關。處暑排來一四七。立冬寒露六九三。

夏至至大雪十二節。爲陰遁。

按陰陽二遁局數。頗難記憶。每易錯誤。上列二歌。卽使熟讀。亦恐難免混淆。玆特立一捷法。俾便推排。其法。將每年二十四節。自冬至起至大雪止。順序分爲八組。每組得三節。卽由坎宮起。依卦位左旋。而艮而震以至乾宮止。將八組分列於八卦。則坎宮得冬至小寒大寒三節。艮宮得立春雨水驚蟄三節。震宮得春分清明穀雨三節。巽宮得立夏小滿芒種三節。離宮得夏至小暑大暑三節。坤宮得立秋處暑白露三節。兌宮得秋分寒露霜降三節。乾宮得立冬小雪大雪三節。又冬至一陽生。以迄芒種止。歷坎艮震巽四宮。故爲陽遁。夏至一陰生。以迄大雪止。歷離坤兌乾四宮。故爲陰遁。如左圖。

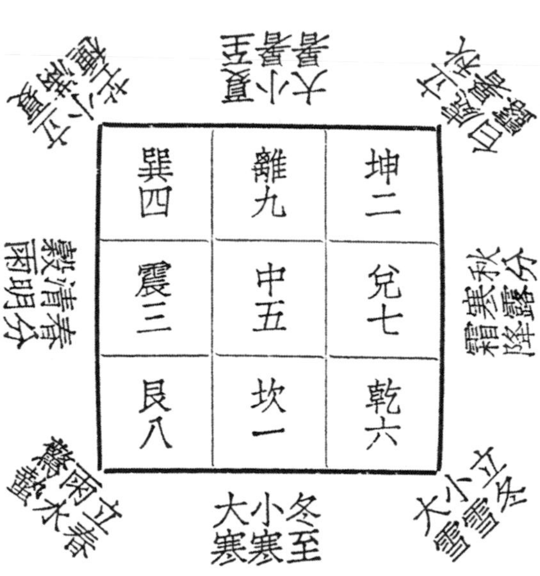

如欲知冬至小寒大寒三節局數。即以坎宮卦數一。起冬至上局。查冬至小寒大寒。爲陽遁。應順數。即從一順數至九。爲一二三四五六七八九。將此數字。分作三段。平列三排。由上而下而中。即得冬至爲一七四。小寒爲二八五。大寒爲三九六。如左圖。

	上	中	下
冬至	一	七	四
小寒	二	八	五
大寒	三	九	六

如欲知夏至小暑大暑三節局數。即以離宮卦數九。起夏至上局。查夏至小暑大暑。爲陰遁。應逆數。即從九逆數至一。爲九八七六五四三二一。將此數字。分作三段。平列三排。亦由上而下而中。即得夏至爲九三六。小

暑爲八二五。大暑爲七一四。如左圖。

	上	中	下
夏至	九	三	六
小暑	八	二	五
大暑	七	一	四

其餘各節。均照此法。以各宮卦數。爲各宮首節之上元。

陽遁順數。陰遁逆數。均不難一推而知也。

十二支分子孟仲季

寅申巳亥四支爲孟。子午卯酉四支爲仲。辰戌丑未四支爲季。

每節分上中下三元定例

五日爲一元。每節十五日。分爲上中下三元。以甲己日爲每元之首。逢甲子。甲午。己卯。己酉。四仲。所連屬之五日。如甲子所連屬之五日。即甲子乙丑丙寅丁卯戊辰五日。餘類推。爲每節之上元。逢甲寅。甲申。己巳。己亥。四孟。所連屬之五日。爲每節之中元。逢甲辰。甲戌。己丑。己未。四季。所連屬之五日。爲每節之下元。

正授超神置閏接氣

協紀辨方云。如今年甲子日冬至。用冬至上元。是爲正授。正之云者。符首即每元之首日與節同日也。至明年冬至己巳日。符首甲子在冬至前五日。則冬至前甲子日。即用冬至上元。是爲超神。超之云者。符首在節前也。至後年冬至爲甲戌日。前之符首甲子。在冬至前十日。後之符首己卯。在冬至後五日。前遠後近。則冬至前甲子日。仍用大雪上元。己巳日仍用大雪中元。冬至之甲戌日。仍用大雪下元。而冬至後之己卯日。方用冬至上元。重用大雪三元。是爲置閏。閏之云者。謂閏一氣也。後己卯日方用冬至上元。是爲接氣。接之云者。符首在節後也。但置閏必在二至之前。超不過十。接不過五。然此乃以平氣正授起算。若定氣而論。盈縮各有不同。當以遠近爲斷。如前之符首在節前七日。後之符首在節後八日。前近後遠。則當仍用超神。若前之符首在節前八日。後之符首在節後七日。前遠後近。則當置閏可也。要之正授之後爲超神。超神之後爲置閏。置閏之後爲接氣。接氣之後或爲超神。此則一定不易耳。查起局用元之法。奇門最關重要。稍有差誤。則滿盤皆非。如上所說。取決前後遠近。以定起局用元之法。至爲精當。故於起局時。先查曆書。是何節氣。如本日屬於四仲之五日。卽起本節之上元。屬於四孟之五日。卽起本節之中元。屬於四季之五日。卽起本節之下元。但必須先行審察冬夏二至之前。如未超前十日而置閏者。則仍用超神。以待至二至時。再行置閏。如已超前十日而置閏者。卽用接氣。以待至二至時。或爲正授也。

又甘氏奇門。及靈台祕典。所載折補之法。止論交節日。

屬某節之何元。卽起何元。（卽甲己日逢子午卯酉爲上元。逢寅申巳亥爲中元。逢辰戌丑未爲下元。）假如交節日。屬本節氣之下元所管之第幾日。則先用本節氣之下元。依交最用上中兩元畢。所餘不足之下元。再轉用本節氣之下元。以遇後節爲止。名曰眞折補法。是使本節氣之下元。先後截作兩橛。且前後輪轉。用足本節氣之上中下三元。則二至前置閏之說。亦將等於虛文矣。烏乎可。

年遁月干

每年正月皆起於寅。如已知年干。卽可由年干推算月干。寅肖虎。故又曰五虎遁。歌曰。

甲己之年丙作首。乙庚之歲戊爲頭。丙辛必定尋庚起。

丁壬壬位順行流。更有戊癸何方發。甲寅之上好追求。

右歌。如甲年己年正月。爲丙寅。乙年庚年正月。爲戊寅。餘類推。旣知正月干支。以亥二三等月干支。卽可由六十甲子順序排得也。

日遁時干

每時均起於子。如已知日干。卽可由日干推算時干。子肖鼠。故又曰五鼠遁。歌曰。

甲己還加甲。乙庚丙作初。丙辛從戊起。丁壬庚子居。戊癸何方發。壬子是真途。

右歌。如甲日己日子時。爲甲子。乙日庚日子時。爲丙子。餘類推。旣知子時干支。以亥丑寅等時干支。卽可由六十甲子順序排得也。

九星相沖

蓬英相沖。任芮相沖。沖柱相沖。輔心相沖。以八卦宮位相對者爲沖。

八門相沖

休景相沖。生死相沖。傷驚相沖。杜開相沖。以八卦宮位相對者爲沖。

地支相沖

子午相沖。丑未相沖。寅申相沖。卯酉相沖。辰戌相沖。
巳亥相沖。

日干長生及墓庫宮

甲乙日長生在亥宮墓於未宮。丙丁日長生在寅宮墓於戌宮。庚辛日長生在巳宮墓於丑宮。戊己壬癸日長生在申宮墓於辰宮。

時旬空亡宮

甲子至癸酉十時。戌亥宮爲空亡。甲戌至癸未十時。申酉宮爲空亡。甲申至癸巳十時。午未宮爲空亡。甲午至癸卯十時。辰巳宮爲空亡。甲辰至癸丑十時。寅卯宮爲空亡。甲寅至癸亥十時。子丑宮爲空亡。

日祿宮

甲日祿在寅宮。乙日祿在卯宮。丙戊日祿在巳宮。丁己日祿在午宮。庚日祿在申宮。辛日祿在酉宮。壬日祿在亥宮。癸日祿在子宮。

日馬宮

寅午戌日馬在申宮。申子辰日馬在寅宮。巳酉丑日馬在亥宮。亥卯未日馬在巳宮。

奇門詮正卷上

上虞曹仁麟著

第二章　盤式起法

奇門佈盤之法。方式繁多。至難劃一。有以地盤飛加。天盤挨轉者。有以天地盤均飛加者。有以地盤飛加。天盤飛挨兼用者。雖取法各有所宗。而後學末由取舍。本章所定盤式。凡地盤儀奇九神均飛加。凡天盤儀奇門星九神。均循地盤挨轉。係根據煙波釣叟三元歌及劉青田遁甲序文演佈而成。爲釐正奇門盤式之要法。玆特舉例說明如次。

例一　陽一局丁卯時（己卯年夏歷十一月十三甲午日卯時。奇門重時。凡設例止記時之干支。不記月日。）

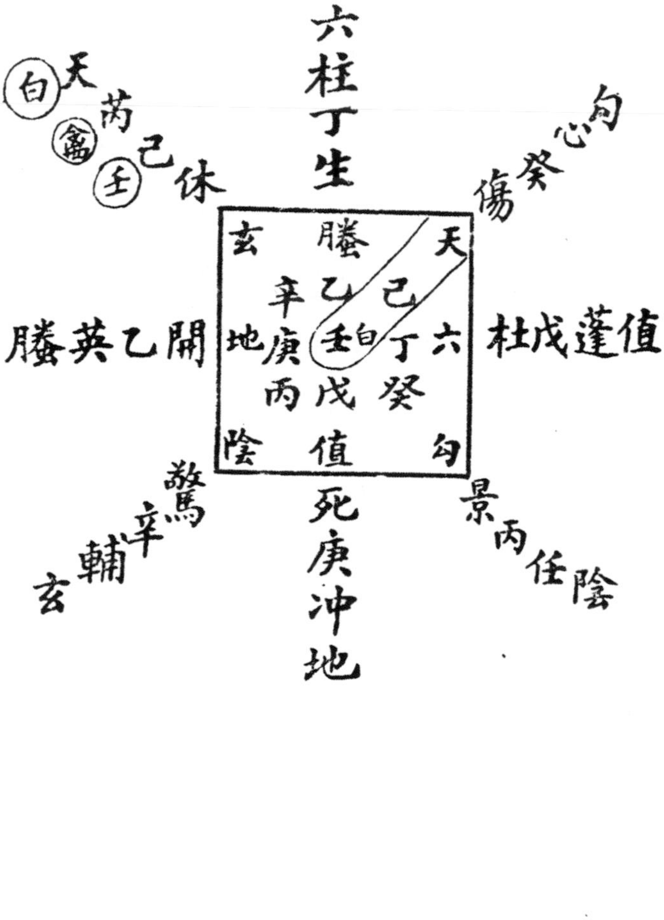

說明 起式之前。先須審查應用陽遁。抑用陰遁。及應

用何局數。欲知陰陽兩遁及局數。則須檢查曆書。本年夏曆十一月甲午日卯時。屬何節氣。查是日丑時交冬至節。則卯時已過冬至二時矣。卽爲冬至節。既知節氣。又須查是日屬何符首所連屬之五日。然後可定上中下三元。今是日適爲甲午符首。因參照第一章所載九遁歌。冬至爲陽遁。故定爲陽遁。又參照第一章所載每節上中下三元定例。係屬上元。故定爲一局。復次照日遁時干歌。得丁卯時。故爲陽一局丁卯時也。

又起式時。先須熟記九宮卦數位次。卽戴九履一。左三右七。二四爲肩。六八爲足。五居中央之位次。（見洛書總圖）然後再佈下列六步。

第一步佈地盤儀奇（卽六儀三奇凡九干）其法將戊字加於一宮。（凡起局。無論陰陽二遁。均以戊加局。如一局。戊字加一宮。二局加二宮。三局加三宮。餘類推。）依戊己庚辛壬癸丁丙乙順序。陽遁順行。則將己字加二宮。庚加三宮。辛加四宮。壬加五宮。（卽中宮）癸加六宮。丁加七宮。丙加八宮。乙加九宮。如本圖。（如爲陰遁。應逆行。則將己加九宮。庚加八宮。辛加七宮。餘類推。）又凡佈地盤儀奇。陽遁順儀逆奇。陰遁逆儀順奇。今概以戊己庚辛壬癸丁丙乙爲次。陽順陰逆佈去。其實順布丁丙乙卽是逆。逆布丁丙乙卽是順也。

第二步佈地盤九神（即陰神）其法查本時丁卯。在甲子旬中。係以戊爲符首。（見第一章六旬符首例）即在戊字上寫一値字。蓋表示戊爲値符也。依値騰陰六勾白玄地天順序。陽遁逆行。則將騰字加九宮。陰加八宮。六加七宮。勾加六宮。白加五宮。玄加四宮。地加三宮天加二宮。如本圖。（如爲陰遁。應順行。則將騰加二宮。陰加三宮。六加四宮。餘類推。）以上兩步。均爲地盤。故欄以方形。以資識別。

第三步佈天盤八門　其法從地盤符首戊一宮起甲子時。陽遁順宮數去。乙丑時在二宮。丙寅時在三宮。數至丁卯本時。在四宮。即將符首戊宮之休門。（見洛書總圖須熟記）加於四宮。（如爲陰遁。應逆宮數去。則乙丑時在九宮。丙寅時在八宮。丁卯時在七宮。）此休門卽爲值使門。依休生傷杜景死驚開定位。順序挨轉（陰陽二遁。均照此法挨轉。）則生加九宮。傷加二宮。杜加七宮。景加六宮。死加一宮。驚加八宮。開加三宮。如本圖。

第四步佈天盤儀奇　其法將符首戊字。加於地盤時干丁字上。然後依地盤儀奇位次。逐一挨轉。（陰陽二遁均照此法挨轉。）則丙加六宮。庚加一宮。辛加八宮，乙加三宮。己加四宮。丁加九宮。癸加二宮。如本圖。

第五步佈天盤九星　其法卽將地盤符首戊宮之蓬星。（

星門定位見洛書總圖）加於天盤戊上。此蓬星即爲值符星依蓬任沖輔英芮柱心定位。順次挨轉。（陰陽二遁。均照此法挨轉。）則任加六宮。沖加一宮。輔加八宮。英加三宮。芮加四宮。柱加九宮。心加二宮。如本圖。

第六步佈天盤九神。（亦曰陽神）其法即將值字寫在蓬字上。蓋表示蓬爲值符星也。仍依地盤九神位次。逐一挨轉。（陰陽二遁。均照此法挨轉。）則陰加六宮。地加一宮。玄加八宮。螣加三宮。天加四宮。六加九宮。勾加二宮。如本圖。

以上六步佈訖。再將飛加地盤中五宮之壬儀白虎。均寄於地盤二宮。故另加以勾形。以資識別。其天盤尚有壬儀白虎禽星。應隨地盤坤二宮之儀奇星神挨轉於天盤者附寄之。則壬寄於己。禽寄於芮。白寄於天。（陰陽二遁。均照此法。）并將壬禽白三字。加以圈號。表示附寄之意。如本圖。

再尚有注意之點。起天盤時。如遇符首入中宮。欲求使門。則借坤二宮之門。爲其使門。其坤二宮之儀奇星神。均與挨於天盤之中宮值符同位。玆再舉一例以明之。

例二　陽一局乙巳時

說明

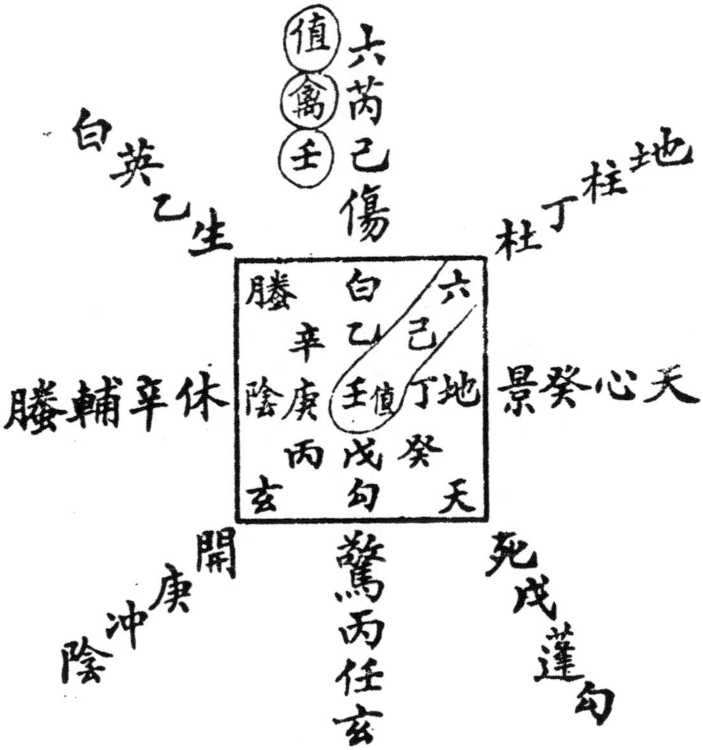
值
禽
壬
六芮己傷
白英乙生
地柱丁杜
天心癸景
死戊蓬勾
驚丙任玄
開庚冲陰
休辛輔螣
螣
白
六
辛
乙
己
陰
庚
壬
值
丁
地
丙
戊
癸
玄
勾
天

第一步佈地盤儀奇　如前例。

第二步佈地盤九神　查本時乙巳。在甲辰旬中。係以壬爲符首。卽在中五宮壬字上寫一值字。是以壬爲值符也。陽遁九神應逆行。仍按宮數逆飛。如前例。

第三步佈天盤八門　從地盤中五宮壬。起甲辰時。陽遁順宮數去。數至乙巳本時。在六宮。但中宮無門。則借坤二宮之死門。加於六宮。仍依八門定位。順次挨轉。如前例。

第四步佈天盤儀奇　將符首壬加於地盤時干乙上。但地盤中宮壬。寄於坤二宮。卽將壬字加以圈號。同時將地盤二宮之己。與壬幷列。然後依地盤儀奇位次挨轉。如前例。

第五步佈天盤九星　卽將地盤中宮符首壬之禽星。加於天盤壬上。但禽星寄於二宮。卽將禽字加以圈號。同時將地盤二宮之芮星。與禽星并列。再依地盤九星定位挨轉。如前例。

第六步佈天盤九神　查禽星爲值符星。卽將值字寫於禽上。但中宮之九神。寄於二宮。卽將值字加以圈號。同時將地盤二宮之六合，與值並列。仍依地盤九神位次挨轉。如前例。

按陰陽二遁。各有九局。以六十時乘之。共得一千八十局。若將上列兩式。澈底瞭解。則無論何局。均可演布自如。固不必每局各列一式矣。所謂舉一反三。存乎其人。奇門遁甲諸書。亦有將各局分別列式者。但未免過繁。且其佈法。各書亦每多出入。學者恆引以爲苦。總之佈局之法。重在求值符值使兩宮。簡括言之。求值符宮法。卽以本時之六旬符首。加於地盤本時干宮。此宮卽爲值符宮。三元歌曰。值符常遣加時干。卽此謂也。求值使宮法。從地盤本時六旬符首宮起子時。陽遁順數。陰遁逆數。數至本時在何宮。卽將地盤符首宮之門。加於此宮。卽爲值使宮。三元歌曰。值使順逆時宮去。卽此謂也。符使既定。則凡儀奇八門星神。依法順逆飛挨。均易如反掌。茲再將二遁六十時符使起宮。列一檢查總表。俾資學者起式時。有所借鏡焉。

二遁六甲時符使起宮檢查總表

戊	甲子戊	乙丑己	丙寅庚	丁卯辛	戊辰壬	己巳癸	庚午丁	辛未丙	壬申乙	癸酉戊
己	甲戌己	乙亥庚	丙子辛	丁丑壬	戊寅癸	己卯丁	庚辰丙	辛巳乙	壬午戊	癸未己
庚	甲申庚	乙酉辛	丙戌壬	丁亥癸	戊子丁	己丑丙	庚寅乙	辛卯戊	壬辰己	癸巳庚
辛	甲午辛	乙未壬	丙申癸	丁酉丁	戊戌丙	己亥乙	庚子戊	辛丑己	壬寅庚	癸卯辛
壬	甲辰壬	乙巳癸	丙午丁	丁未丙	戊申乙	己酉戊	庚戌己	辛亥庚	壬子辛	癸丑壬
癸	甲寅癸	乙卯丁	丙辰丙	丁巳乙	戊午戊	己未己	庚申庚	辛酉辛	壬戌壬	癸亥癸

說明　右表所列六十時。以頂格一字。爲每時值符。以同行每時之天干。爲值符應加於此干之地盤宮。以旁注

之字。爲值使應加於此字地盤宮。如檢丙寅時。查丙寅在本表第一行之第三時。卽以同行頂格之戊字。爲本時之值符。此時值符戊。應加於地盤丙字上。此時值使。應加於地盤庚字上。又如例(一)丁卯時。查本表丁卯。此時戊爲值符。應加於地盤丁上。值使某門。應加於地盤辛上。又如例(二)乙巳時查本表乙巳。此時壬爲值符。應加於地盤乙上。值使某門。應加於地盤癸上。依次檢用。則六十時之符使。不難一望而知。庶無差誤也。

奇門詮正卷上

上虞曹仁麟著

第三章 沿革參證

竊考奇門遁甲專書。多至數十種。諸家立論各有所宗。列式交因之而異。治斯學者。自須參酌考證。以資多聞闕疑之一助。茲將諸家布局同異之處。各列一式。加以說明。庶一覽無遺。知所取舍焉。

遁甲統宗奇門五總龜等書佈局法

例一 陽一局丁卯時

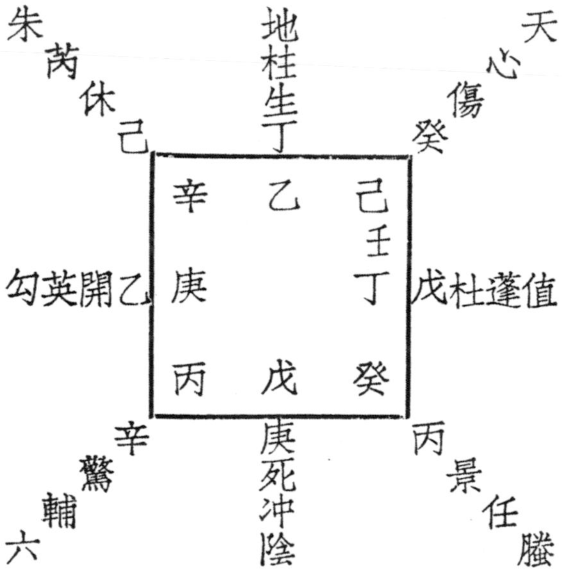

說明　如圖方形內爲地盤。外爲天盤。地盤佈局。以入中宮之儀奇。寄於二宮。天盤儀奇。由符首加時干宮起。八門由值使起。九星由符首起。八神亦由符首起值符。均依卦位挨轉。又八神以值騰陰六勾朱地天爲序。

協紀辨方等書布局法

例二　陽一局丁卯時

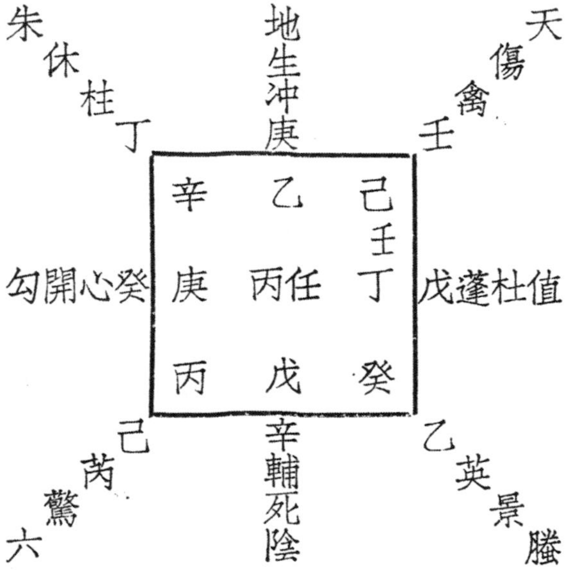

說明　如圖地盤布局。亦以入中宮之儀奇寄於二宮。天盤儀奇九星。均循九宮之數陽順陰逆飛加。八門由值使起。八神由值符起。均依卦位挨轉。又八神亦以值螣陰六勾朱地天爲序。

奇門大全奇門旨歸等書布局法

例三　陽一局丁卯時

說明　如圖地盤入中之儀奇。不寄二宮。天盤儀奇九星。（以蓬芮冲輔禽心柱任英爲序。）九門（加中爲九門。以休死傷杜中開驚生景爲序。）九神（以值螣陰六勾常朱地天爲序。）均隨九宮之數。陽順陰逆飛加。

紀大奎所著仕學備餘布局法

例四　陽一局丁卯時

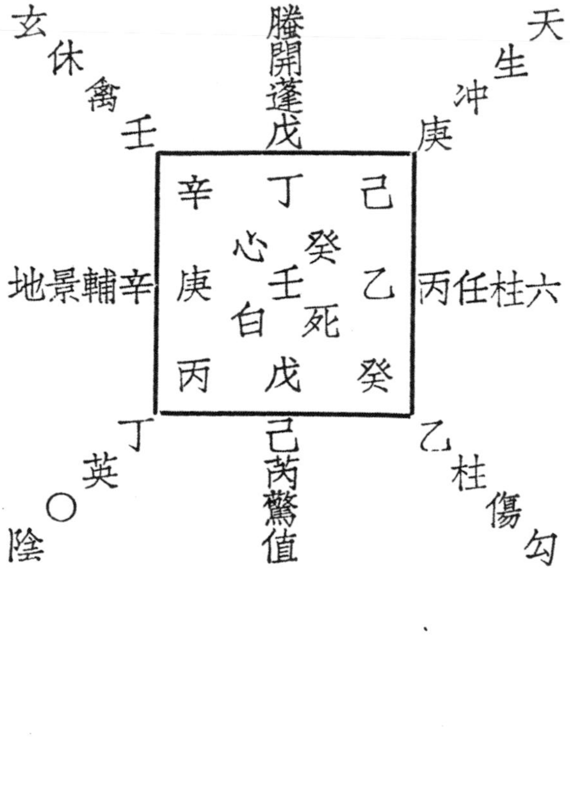

說明　如圖陽遁順儀順奇。陰遁逆儀逆奇。天地盤儀奇星門。皆循九宮之數。陽順陰逆飛佈。而以空位之門爲門。九神以值騰陰六勾白玄地天爲序。從地盤符首宮起值符。仍循九宮之數。陽逆陰順飛布。此法爲紀氏所創作。

按紀盤陽遁三奇仍順行。謂從地盤值符宮作起點。六儀順飛訖。復轉至地盤本宮。將乙丙丁倒作丁丙乙。逆行飛佈。在本宮一直看去。似儀奇皆爲順行。若以本宮左右分看。其實己先逆行矣。三元歌謂陽遁儀順奇逆。即此意也。并與每元六十時挨輪九宮之次序不亂。愚按奇門本乎洛書。九宮之數。一至四順。猶六儀之順行。六至九逆。猶三奇之逆行。數起於坎。亦猶奇門之起宮值符也。夫洛書由坎起宮逆行。不曰九八七六。而曰六七八九。則奇門由值符起宮逆行。不曰丁丙乙。而曰乙丙丁也明矣。紀說儀奇順則俱順。逆則俱逆。殆不可從。

上列四式。已極紛歧。此外尚有劉文瀾所著奇門要略。其法不以中宮寄二。如是儀奇九星。按九宮之數飛佈。位次固不可亂。但神門各止有八。配以九宮。自難適合。乃凡遇值使入中五者。則陽遁起佈乾宮。陰遁跳入巽宮。如不入中。則值使定後。均按休生傷杜景死驚開八門。依八卦定位挨佈。八神亦隨卦位挨轉。如遇值符入中。則棄而不用。謂爲避五。本自何說。無從考正。

又甘氏奇門。靈山祕典諸書起法。亦取九宮中五不寄之說。無論陰陽二遁。如值符逢陽星（蓬任沖輔禽爲陽星）則順尋。逢陰星（英芮柱心爲陰星）則逆轉。值使逢陽時（甲乙丙丁戊爲陽時）則順尋。逢陰時（己庚辛壬癸爲陰時）則逆轉。亦用超乾跳巽之法。但符使入中。則不超跳。仍循宮數飛佈。而以所空之宮。以入中符使帶管。此法亦殊奇異。

又清御定奇門寶鑑。所載奇門演卦。假如陽一局丁卯時。此時休門值使到巽四。死門到乾六。傷門到兌七。杜門到艮八。開門到離九。驚門到坎一。生門到坤二。景門到震三。則八門既已超乾跳巽。而又隨八宮之數飛加也。與劉氏奇門及甘氏諸書。又殊途徑矣。

綜按遁甲統宗奇門五總龜等書。地盤儀奇皆由九宮之數飛佈。而以中五宮所布儀奇。寄於二宮。天盤則自值符值使定後。所有儀奇。按地盤飛佈位次挨轉。八門則以休生傷杜景死驚開爲序。依卦位挨轉。八神則以值騰陰六勾朱地天爲序。亦依卦位陽順陽逆挨轉。其使門值中。則借坤宮死門爲使（起法見例一）協紀辨方。亦宗此法。但天盤奇儀九星。仍由九宮數飛加（起法見例二）又曰九星亦可由卦位挨轉。如是則統宗五總龜辨方三書。似出一轍矣。至若奇門大全及朱浩文所著之奇門旨歸。凡天地盤儀奇星門九神。皆依九宮之數飛加。因神門各止有八。則增太常一神次六。曰值騰陰六勾常朱地天。增中門一門次五。曰休死傷杜中開驚生景。輪飛九宮。自能周匝適合。（起法見例三）但與三元歌背生擊死及坐英擊蓬之說。絕難符合。蓋天盤如用宮數飛加之法。則不可得生死英蓬相對之盤。且地盤儀奇。旣依宮數飛加，則天盤自應依地盤卦位挨轉。方不失天地上下相承之旨。若再飛加。則凌亂支離殊不可究詰也。又如紀氏所著仕學備餘布局之法。亦宗天地盤均循九宮之數飛加。而二遁儀奇順則俱順，逆則俱逆。（起法見例四）固不可從。惟九神謂應由地盤符首起。陽逆陰順。本陰陽往復之義。獨超衆說。實開奇學之先河。足資後學之楷式也。

余釐正盤式中起法。地盤儀奇。按照諸書定例。循九宮之數飛加。復依紀氏由地盤符首起值符之法。陽逆陰順。仍循九宮之數飛加九神。名曰陰神。其入中宮之儀奇九神。則均寄於坤二宮。即本青田遁甲序。惟天禽則無定位。寄西南而屬中宮二一語所定。天盤儀奇八門及九星。仍按遁甲諸書。均循地盤卦位挨轉。亦本遁甲序天盤臨地。地盤承天之旨。不再飛加。而九神則依地盤九神所佈位次挨轉。名曰陽神。如是使每時天地值符宮及值使宮所得之神。均各相異。則吉凶自易見矣。

陰神起宮天乙考

奇門最重陰神。青田遁甲序曰。得奇得門得陰。是謂三全

・可知陰神與三奇吉門並重・諸書對於九神起法・無論飛挨轉加・均用天盤・相沿既久・辨正無從・惟紀氏大全解三元歌・十精爲使用爲貴・起宮天乙用無違一語・謂十精卽十干之精・如太陰爲丁之精・白虎辛之精・卽陰神是也・陰神凡九・曰值符・曰螣蛇・曰太陰・曰六合・曰勾陳・曰白虎・曰玄武・曰九地・曰九天・應由地盤本旬符首宮起值符・陽遁逆行・陰遁順行・以視符使兩宮・得何陰神相助・蓋值符若從天盤符首宮起加・則六十時符首宮所得之神・皆爲值符・而值使所得之神・每旬十時・亦皆相同・無由辨其吉凶・若由地盤符首起值符・則天盤符首幷值使之門・每時均各相異・此九神不從天盤而從地盤・實

與歌文相合。自無疑義。其日陽遁用逆。陰遁用順。本葛洪舊注。天乙值使起宮異所之說。天乙值符也。意卽陽遁每時所值使門。由地盤符首宮順數。九神則由此宮逆行。陰遁每時所值使門。由地盤符首宮逆數。九神則由此宮順行。爲陰陽回旋甲庚往復之微機。其義甚精。余再引申其說。按六乙每隨六甲值符而行。故值符亦名天乙。天乙亦可名六甲值符。意卽乙與每甲值符。隨行而不相離。乙卽爲甲也。假如陽遁戊爲值符順行。以乙從戊順行。此時若將九神逆布。則乙爲值符。丙爲螣蛇。丁爲太陰。癸爲六合。壬爲勾陳。辛爲白虎。庚爲玄武。己爲九地。戊爲九天。神與儀奇。名實相符。有條不紊。卽紀氏所解太陰丁之精，白虎辛之精。更確鑿可據。蓋陽遁符首雖隨宮順飛。而九神實隨宮逆尋也。陰遁九神順行。亦同此理。茲再作簡圖以明之。則九神順逆之用。益顯然可見矣。

陽遁

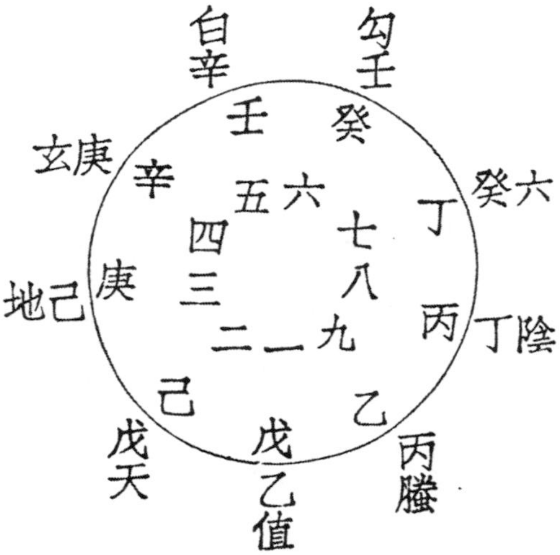

陰遁

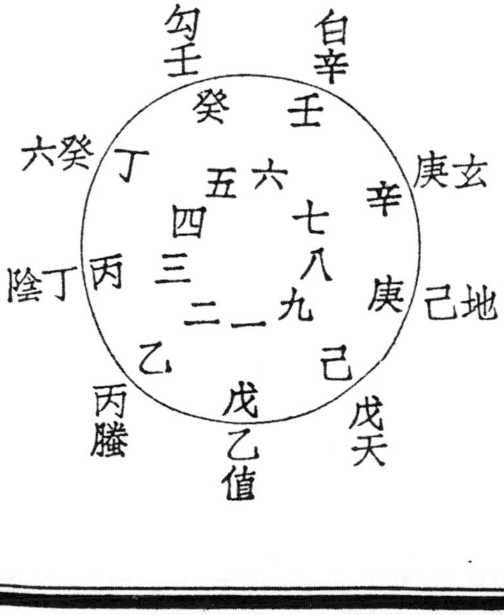

又三元歌所謂從三避五。及三五反復之義。用此亦可互參

。如圖陽遁逆行。前三爲九地。前五爲白虎。後三爲太陰後五爲勾陳。陰遁順行。前三爲太陰。前五爲勾陳。後三爲九地。後五爲白虎。無論順行逆行。前後三皆吉。前後五皆凶。若但得順行之陰六地天四吉神。而逆行未必得此四吉。但得順行之螣勾白玄四凶神。而逆行未必得此四凶。今以二遁順逆互用。而知順逆並吉者。厥惟前三後三。順逆並凶者。厥惟前五後五。蓋次益信九神順局逆用。逆局順取之理。如示諸掌也。

奇門詮正卷上

上虞曹仁麟著

第四章　宜忌須知

得奇得門得陰

乙丙丁爲三奇。開休生爲三吉門。太陰六合九地九天爲四吉陰神。天地盤有乙丙丁。開休生。及太陰等四吉神。爲得奇得門得陰。是謂三全。得一已吉。得二尤吉。萬事稱情。

反伏吟

天地盤相加。星與門加於同宮者。爲伏吟。加於對衝宮者。爲反吟。（如蓬加蓬休加休爲伏吟。蓬加英休加景爲反吟。）均大凶。縱得奇門。亦不可用。

四墓

三奇加於所墓之宮（如乙墓於未。加於坤宮。丙丁墓於戌。加於乾宮。）爲三奇入墓。時干加於所墓之宮。爲時干入墓。又戊戌壬辰丙戌癸未丁丑五時。爲時干墓於時。甲乙日得未時。丙丁日得戌時。庚辛日得丑時。戊己壬癸日得辰時。爲日干墓於時。以上四墓。均忌用。

門宮迫制

迫制者。被尅也。使門爲地盤宮所尅。爲門迫。地盤值符宮爲門所尅。爲宮迫。如使門爲主。怕宮尅門。如值符宮爲主。怕門剋宮。

六儀擊刑

甲子戊值符入震宮。爲子卯相刑。甲戌己值符入坤宮。爲未戌相刑。甲申庚值符入艮宮。爲寅申相刑。甲午辛值符入離宮。爲午午自刑。甲辰壬值符入巽宮。爲辰辰自刑。甲寅癸值符入巽宮。爲寅巳相刑。均大凶。不可用。

二吉

甲加丙。爲青龍反首。丙加甲，爲飛鳥跌穴。遇此二吉。諸事如意。甲謂戊己庚辛壬癸六儀爲值符也。以上二者。均以儀奇相生爲吉。

四凶

乙加辛。爲青龍逃走。主耗財。辛加乙。爲白虎猖狂。主傷害。丁加癸。爲朱雀投江。主訟獄。癸加丁。爲螣蛇夭矯。主憂惶。以上四者。均以儀奇相尅爲凶。

諸庚格

格者不通也。庚加值符爲伏宮格。值符加庚爲飛宮格。庚加值使爲同宮。值使加庚爲野戰。庚加三奇爲奇格。庚加丙。爲太白入熒。主賊必來。丙加庚。爲熒入太白。主賊必退。庚加癸爲大格。庚加壬爲小格。庚加己爲刑格。庚加日干爲伏干格。日干加庚爲飛干格。庚加歲月干。爲歲月干格。以上諸庚格。均忌用。但亦須分主客。如伏宮伏干等格利客。飛宮飛干等格利主。以先動者爲客。後動者爲主也。

五不遇時

如甲日得庚時。丙日得壬時，戊日得甲時。庚日得丙時。壬日得戊時。皆以時干剋日干。爲五不遇時。主晦暗不明。

八門所主

開門宜求官。休門宜求福。生門宜求財。傷門宜捕獵。杜門宜隱藏。景門宜投書。驚門宜擒訟。死門宜刑戮。通常以開休生三門。爲凡事皆吉。餘爲凶。

時宮衰旺

與我同行爲相。如蓬星屬水。在冬令爲時相。在坎宮爲宮相。餘類推。我生爲旺。加蓬星在春令爲時旺。在震巽宮爲宮旺。

餘類推。生我爲廢。如蓬星在秋令爲時廢。在兌乾宮爲宮廢。我剋爲休。如蓬星在夏令或在離宮爲休。剋我爲囚。如蓬星在四季月或在坤艮宮爲囚。又相旺二者均爲旺。廢休囚三者均爲衰。

三奇得使

卽值使之門。得乙丙丁三奇也。又丁爲玉女。如逢使門。爲玉女守門。如陽一局。地盤丁在兌宮。庚午時。休門值使適在兌宮。卽爲玉女守門。宜於陰私和合之事。

三奇遊儀

卽六甲值符。得乙丙丁三奇也。動作皆吉。惟乙奇忌甲午辛值符。丙奇忌甲申庚值符。丁奇忌甲寅癸值符。

陰時陽時

甲乙丙丁戊爲陽時。神居天上。宜客。己庚辛壬癸爲陰時。神居地下。宜主。陽時若見天盤三奇。利客。陰時若見地盤三奇。利主。

天綱高低

六癸時爲天綱。此時癸加一二宮爲低。加八九宮爲高。均可通。若加三四五六七宮。則不高不低。爲天綱四張。不可通也。

星有陰陽吉凶

蓬任沖輔禽星位於坎艮震巽中宮爲陽。英芮柱心星位於離坤兌乾宮爲陰。又輔禽心星爲上吉。沖任星小吉。蓬芮星大凶。英柱星小凶。又吉星逢旺相爲更吉。凶星逢休囚不爲凶。

門有開闔

陽星加使門爲開。陰星加使門爲闔。一說陽星加地盤値符本宮爲開。陰星加地盤値符本宮爲闔。開主動。闔主靜。

六甲時宜動宜靜

六甲時皆爲伏吟。孟甲（即甲申甲寅時）仲甲（即甲子甲午時）宜靜。季甲（即甲戌甲辰時）宜動。但亦須分主客。以決休咎。

九遁

丙奇生門合丁。（一作開門）爲天遁。乙奇開門合己。爲地遁。丁奇休門合太陰。爲人遁。丙奇生門合九天。爲神遁。丁奇休門合九地。爲鬼遁。丙奇休門臨坎宮。爲龍遁。乙奇生門臨艮宮。爲虎遁。乙奇開門臨巽宮。爲風遁。乙奇開門臨坤宮。爲雲遁。動靜皆宜。審時用之。

三詐

乙丙丁三奇合開休生三吉門。臨太陰宮名真詐。臨九地宮名重詐。臨六合宮名休詐。舉動皆利。

五假

景門合乙丙丁臨九天。名天假。杜門合丁己癸臨九地。名地假。死門合丁己癸臨九地。名神假。驚門合壬臨九天。名人假。傷門合乙己（或丁己）臨六合。名物假。各有吉凶。隨事用之。

天三門地四戶

以月將加本時。正月雨水節後起亥將。二月春分節後起戌將。三月穀雨節後起酉將。四月小滿節後起申將。五月夏至節後起未將。六月大暑節後起午將。七月處暑節後起巳將。八月秋分節後起辰將。九月霜降節後起卯將。十月小雪節後起寅將。十一月冬至節後起丑將。十二月大寒節後起子將。假如本時係子時。將月將加於子上。依十二地支次序順行十二支位。即六壬加天盤之法也。

尋從魁酉也小吉未也太沖卯也三位。爲天三門。以月建見第一章加本時。尋除危定開。本時起建。依建除滿平定執破危成收開閉順輪。爲地四戶。此爲不得門奇。即尋天門地戶之方。爲趨避之所。亦權變之法也。

奇門詮正卷下

上虞曹仁麟著

第五章　占法彙錄

占斷概說

凡占先須審查本時。是否爲五不遇。或爲時支墓其干。及時支墓日干。再看全盤有無四凶反伏吟飛伏等格。如無上述諸忌。然後檢查天地盤值符及值使等宮。是否得奇得門得陰及諸吉格。並有無六儀（卽六甲值符）擊刑。門宮迫制。及三奇時干入墓等忌。又本人年命之宮。及類神宮（如官責開門財責生門之類）亦應如前法察其吉凶。并須與符使兩宮。有相生。無相剋。乃為吉占。即符使兩宮。亦須相互生合。蓋值符猶壬課之日干。值使猶壬課之支辰。均以相生有情為美也。

奇門以星門宮。分天地人三盤。天盤值符宮。以星為主。取輔禽心三星為吉。並喜得時與宮之旺相。值使宮以門為主。取開休生三門為吉。切忌宮剋其門。地盤值符宮。以宮為主；切忌門剋其宮。又按星為天。主時運盛衰。門為人。主事物成敗。宮為地。主家室興替。此為天地人三才之大概。吉凶以意消息之。

二吉四凶。亦須活看。如龍回首。鳥跌穴。吉矣。然庚為值符時。則庚丙相加。仍主不吉。四凶格凶矣。然亦須分主客。先動者爲客。後動者爲主。如乙加辛丁加癸。以下剋上。利後動。爲主不害。辛加乙癸加丁。以上剋下。利先動。爲客不害之類。

值符值使兩宮。最重陰神。（卽由地盤符首起飛之九神）以陰六地天爲吉。以螣勾白玄爲凶。三元歌曰。更得值符值使利。十精爲使用爲貴。皆此意也。又使門所在之宮。宜兼審時令之衰旺。爲暗餘氣。遁甲統宗諸書。並重是說。宜採用之。

求值使時。由地盤符首起子時順逆數去。至本時某宮止。其時旬周歷各宮。尚有一飛干。爲人所不易見者。亦宜細心參看。此干所加之宮。有無一吉四凶飛伏等格。遇吉增吉。遇凶增凶。不可不察也。

凡專用之類神。須分別主客。主卽靜也。客卽動也。動以象天。靜以法地。故類神屬動者。應責天盤。屬靜者。應責地盤。但如類神主體雖靜。而爲我所欲其相生合者。亦應責天盤。又有一種類神。無主客動靜之分者。則應以甲乙丙丁戊五陽時。責天盤。己庚辛壬癸五陰時。責地盤。如無專用之類神。有以值符天乙兩宮。或逕以其人來方所居之宮。看其天地盤所加之星或儀奇。分主客。分人我。我居動。責天盤。要地盤生我。或爲我所尅。我居靜。責地盤。要天盤生我。或爲我所尅。

推斷日期之法。如求官看開門宮。此宮地盤所得干支。卽以此干支之日爲其期。如占行人。視庚格上下盤干支。遠則論月。近則論時。旺相取近。休囚取遠。此定法也。如無指定之類神。則視全盤某宮。有吉格門奇。即以其宮地盤干支斷其日期。爲吉事之應。有凶格爲凶事之應。並以其宮之方位。爲趨吉避凶之所。

本命行年。常法以當生年支爲本命。而男起寅順數。女起申逆數。一年一位。數至本年得何支。爲行年。即以此支之地盤。爲其本命與行年宮。但古法不分行年本命。六壬課僅取當生年支。奇門課僅取當生年干可也。

值符可稱天乙。天乙亦可稱值符。諸書均混而爲一。學者無從分晰。其實值符爲六甲符首。天盤之值符也。天乙爲九神之首。以乙從甲得九陰神（說見第三章）地盤之值符也。是又不可以不辨。

凡時與宮之衰旺。僅指星門二者而言。若儀奇止論上下相加之生尅。不言衰旺。但占斷各門中。亦有謂視奇儀之衰旺。係指其所乘之星而言也。

奇門以時爲主。故凡占均以時干宮（即天盤值符宮）爲問事之人。但如值符宮作類神時。則取天乙宮。如天乙并作類神時。則取地盤日干宮。

考試門

（提要）如占文試。以日干地盤責爲士子。六丁天盤責景門爲試卷。天輔凡星均責天盤爲監考。值符天盤符首爲總裁。天乙地盤符首爲薦官。太歲（責天盤）爲元首。月建（責天盤）爲主試。要六丁景門旺相得吉格。又要天輔值符天乙等宮。與日干宮相生。如占武試。以甲申庚（責地盤）爲矢。甲午辛（責地盤）爲的。庚冲尅辛宮爲中的。並視天輔等宮與日干宮之生尅。或參看本人年干（責地盤）宮有無吉格。及天輔等宮是否與之相生。（凡類神之生尅。均視其落宮八卦五行之生尅。下倣此。）

歲考占　日干或人年宮。得三奇及開休生景四吉門。不犯奇墓門迫。又六丁在旺相宮。天輔宮又來生日干人年宮者爲最吉。欲知等第高下。以六丁宮衰旺及有無門奇論之。

會考占　值符天乙等宮。均不宜尅日干宮。並要六丁宮旺相卿吉。

廷試占 景門在旺相宮又得三奇。并太歲月建來生日干宮者吉。

武試占 景門得旺相遇值符相生。又庚落宮冲尅辛落宮。爲中的。均吉。餘同文試。

官祿門

（提要） 如占求官。開門爲文官。杜門爲武官。太歲爲元首。月建爲銓部。值符爲長官。要開杜二門生旺。并得吉格。太歲等宮與之相生。又與日干及人年相生。即吉。若開杜二門休囚被尅。主降罰。如占文書。以六丁責天盤爲文書。與符使相生則速。相剋則遲。如犯朱雀投江則無望。以六丁宮所得干支。定其至期。如占請假准否。以天盤值符宮為長官。地盤值符宮（即天乙宮）為請假人。須天盤值符宮生地盤天乙宮。或天乙宮剋值符宮。方准。非此不准。

升遷占　開門臨生旺宮。有三奇吉格。再遇太歲月建相生者。必升。或用值符宮生開門宮亦可。又太歲月建值符宮。與日干人年宮相生亦吉。

降罰占　開門休囚。或為宮所迫。再逢歲月符使相剋者。主罷黜。如時為天綱四張或五不遇者。防獲罪。但開門旺相。僅降罰而已。

現任占　以本人年干宮為主。如天盤星吉而得門奇吉格者吉。犯擊刑飛伏及諸凶格者主罷黜。或卒於官。

上任占　以上任之時。視其方向所居宮。得吉格門奇者主升。無吉格而星旺無礙。若星休囚主罷職。如遇反伏吟五不遇時。及奇墓門迫飛伏等凶格。不看方向而知其不吉也。

文書占　以六丁爲文書。與值符值使相生則速。相剋則遲。如犯朱雀投江。主文書遺失無望。又看六丁落在何宮。即以此宮干支定其至期。

請假占　天盤值符宮剋地盤天乙宮。或天乙宮生值符宮者。俱不准。兩宮相比亦不准。如值符生天乙宮。或天乙剋值符宮者。方准。

財利門

（提要）　如占求財。以生門爲財神。甲子符責天盤爲利益。要生門天盤星生宮得吉格。幷要甲子戊與之相生。如占放債。值符爲債主。天乙爲借主。如占索債。傷門爲索債人。或以勾陳爲索債人。如占借貸賒取財物。亦以值符爲物主。天乙爲往借之人。如占買賣。值符爲買物之人。生門爲所賣之物。生門落宮爲物主。如占合夥經營。以生門宮爲主。看天地盤干分人我。均以他生我爲吉。剋我爲凶。如占開市。看生門宮吉凶格。定其成敗。

。

求財占　專看生門所落宮。其天盤之星。須與生門宮相生。（生門宮爲體。天盤星爲用。用生體吉。體生用不吉。）再看天地二盤得吉格吉星。所求如意。休囚不吉。所求不遂。又甲子戊爲利益。所落宮宜生生門宮。并要此兩宮。均宜臨內界。爲速。（陽遁以坎艮震巽爲內。離坤兌乾爲外。陰遁以離坤兌乾爲內。坎艮震巽爲外。下倣此。）

利息占　視生門所臨之宮。如休囚又有凶格。則折本。若旺相再得甲子戊宮生之。必獲利倍蓰。并以甲子戊所臨之干。決其數之多少。（十干之數。謂甲己九。乙庚八。丙辛七。丁壬六。戊癸五也。下倣此。）

借貸占　值符生天乙。天乙剋值符。必遂。否則不遂。

放債占　值符剋天乙。或天乙生值符。吉。若值符生天乙。或天乙剋值符。凶。如生門與天乙同剋值符。其財盡失。同生值符。子母全歸。或生門與天乙有一生一剋。本利不全而遲。如天乙生門休囚。雖生值符。恐力不足。

索債占　傷門宮剋天乙宮可索。天乙宮克傷門宮難索。傷門與天乙同生值符。全還。同剋值符。不還。傷門生值符而剋天乙。必還。反是不還。天乙旺相剋傷門。有力不還。天乙休囚生傷門。欲還無力。或不全還。若天乙乘庚辛來剋值符。主有經官之事。若值符剋天乙會景門亦主經官始還。如甲子戊符會開門加時干。臨內界。全還而速。

贖物產占　以值符天乙值使論之。值符主動。天乙主靜。值使爲中人。如我欲向人回贖。我爲值符。彼爲天乙。如欲人向我回贖。彼爲值符。我爲天乙。均以生我者爲可贖。剋我者爲不可贖。又值使生兩家爲得。剋兩家爲不得。若有玄武勾陳同宮。主經官事。

買賣占　以值符爲買物之人。以生門爲所賣之物。以生門落宮爲物主。如生門落宮生值符。買物必成。且有利益。剋值符不成。如門與落宮相生。爲物戀主。亦難成交。又值符旺相來生生門宮。利賣者。生門來生符值宮。利買者。凡欲買物。看賣主之方。得吉格者有利。凶格者無利。如欲賣物。看買主之方。得吉格者順利。得凶格者煩惱。

合夥占　看生門宮天地盤。地盤爲業主。天盤爲欲合夥之人。若地盤天盤互剋。及天盤生地盤。俱不利。必地盤生天盤。爲彼來生我。方可共利益。與其合夥。

開市占　看生門落宮旺相。再得吉星及三奇。并龍回首鳥跌穴等吉格。主營業興隆。如不全者平常。落時旬空亡宮或休囚乘凶星。再有庚加己等凶格。主大不利。吉星得天輔宜春夏。得天禽宜季月。天心宜秋冬。

謀望門

（提要）如占囑託。以天乙爲求託之人。值符爲所求之人。值使爲受託之人。如謀館地。以天輔爲師。值符爲館主。天芮爲弟子。各以類神生我者爲吉。

囑託占　以天乙宮爲求託之人。值符宮爲所求之人。值使爲受託之人。如值符生值使。必信其言。值符剋值使。其言不聽。值使生值符而剋天乙。不肯盡言。值符剋值使而生天乙。事成而遲。值符值使同生天乙。或俱爲天乙所生。其事必成而速也。

求事占　仍取值符天乙兩宮。如人來求我。以他爲客。我爲主。我去求他。以他爲主。我爲客。均以值符爲客。天乙爲主。相生易成。相剋不成。若奇墓門迫有凶格者。因求事而生非。或反耗財物。如有定方。則以其方天地盤之干分主客亦可。

就館占　以天輔為師。值符為館主。天芮為弟子。若值符生天輔宮。再得三奇吉門及諸吉格者。必成。又天芮在旺相宮。子弟多。休囚子弟少。如有所往之方而謀者。又當視所往方之宮。得三奇吉門及諸吉格者。為有館。

訪謁門

（提要）　如占謁貴。休門為貴人。或致仕官。開門為現任官。時干為往謁之人。如占尋師。天芮為明師。均要旺相得吉。與時干相生。若遇庚格為不遇。又看所往方天地盤之生尅。

謁貴占　休門或開門宮生時干宮。（即值符宮。凡屬我主動者。均責此宮。他倣此。）而時

干宮門宮相生得吉格者。必遂意美滿。若相尅。不得見。若我生他。卽見未必有益。又要彼此二宮。均得旺相爲吉

訪友占　若無專用之類神。以所訪之方某宮爲主。要天地盤相生。再得奇門。去必相遇。若相尅無吉門。則不遇。逢庚加年月日時格。則拒而不納。又丙庚相加。卽見亦不相得。

尋師占　如所往之方。上得天芮。爲可遇。所往方宮生時干宮。必見納。如無所往定方。看時干宮與天芮宮之生尅。定其納否。並要天芮宮有三奇吉門及吉格者。爲明師。

請人來否占　所請人之方。看其地盤宮得何干。必地盤干尅天盤干。又要此干天盤轉臨內界爲來。否則不來。

訪人遇否占　所訪人之方。看其地盤之星生對沖宮天盤星。及受對沖宮天盤星所尅。皆爲相遇。

婚姻門

（提要）以庚爲夫。乙爲妻。（庚乙以主動者責天盤。被動者責地盤。）六合爲媒妁。各以類神宮生尅以定成否。

婚姻占　庚乙落宮相生。說之則成。相尅不成。六合宮生乙宮。向女家。生庚宮。向男家。庚尅乙。女家畏而不嫁。乙尅庚。男家嫌而不娶。乙得凶格。主女性惡。庚得凶格。主夫性不良。

招贅占　要天盤六庚宮來生地盤六乙宮。並要庚上得吉星。主夫性溫良而易成。如男求女。宜地盤六乙宮生天盤六庚宮。

胎孕門

（提要）以坤宮爲孕母。以坤宮所得之門爲胎息。天盤星爲胎神。地盤星爲產神。以星陰陽分男女。天地盤星及門宮均不宜相尅。以坤宮對沖之宮天盤所得之干。爲產期。

胎孕占　坤宮天盤星尅地盤星。或門尅宮。爲孕母不安。若地盤星尅天盤星。或宮尅門。爲子不安。又看天盤星。陽爲男。陰爲女。逢伏吟爲子戀母腹。生產必遲。坤宮得門奇吉格。得好子。星門宮不相迫制。又得四吉陰神。胎產平安。以坤宮地盤之干爲坐胎之日。以坤宮對沖宮天盤所得何干。卽以此干之日爲產期。

行人門

（提要）如家占行人以其人年命。及所行之方落宮。看吉凶格。如行人占家。以本日長生宮。看吉凶格。如占來期。專責庚格。如占信息。以六丁或景門所臨內外界分遲速。吉格信吉。凶格信凶。

行人安否占　以所往方之某宮。看其上下盤。得三奇吉門及吉格者安。反此不安。又看其人年命宮。乘旺相氣得奇門吉格。在外必凡百如意。若年命宮休囚。或時旬空亡。及諸凶格者。均主不吉。

家中安否占　以日干長生宮爲家。如日干爲甲。甲長生在亥。即看乾宮有無凶星凶格。以定吉凶。又看尅宮是何五行。以日干六親所屬論之。如乾宮爲金。怕火尅。火爲甲木之子。爲憂子病。餘類推。

歸期占　專責庚格。陽時甲乙丙丁戊五時也。以天盤庚下臨何干。陰時己庚辛壬癸五時也。以地盤庚上乘何干。看其是否爲年月日時格。年格年來。月格月來。日格日來。時格時來。若乙庚爲合及庚金入墓。金墓在丑。即艮宮也。爲不來。又看行人年命宮。在坎艮震巽。陽遁爲內爲近。陰遁爲外爲遠。在離坤兌乾。陽遁爲外爲遠。陰遁爲內爲近。又伏吟身未動。反吟來速。

信息占　以六丁（陽時應責天盤。陰時應責地盤。）落宮爲信。臨內界速。外界遲。六丁入墓及落空亡。主遲滯或無信。又天矯主遲。投江無信。帶三奇合吉格有喜信。庚格無信。投江卽在內亦無信。又法視景門。臨內外界以占遲速。門迫無信。若景門臨於問占人所居之地。信來甚速。如問占人住北方。景門臨坎。信卽到。餘類推。

歸期占又法　以行人所往方之對宮。若行人年在此宮內。卽歸。其歸期卽以此宮之干支旺衰決之。如行人是甲子生。往南方。若局中甲子干支臨坎。卽歸。臨坤兌乾三宮。在途。臨艮震巽三方。又向他去矣。又看干支臨處星門吉凶。以定安否。（按上法係陽遁。若陰遁。則以臨艮震巽三方爲將至。坤兌乾爲他去。）

出行門

（提要）如占出行。以時干爲行人。視所往方之宮。有門奇吉格。生時干宮爲吉。反此不吉。如占水陸。以使門宮生坎宮。或休門宮有三奇吉格。爲利水道。若生艮宮。或生門宮有三奇吉格。爲利陸路。如占雇船。看震宮。如宿店。看時干宮。均以天盤星之吉凶。察船主店主之善惡。如占歸期。看蓬星落宮所得何支。如占行期。看開門落宮所得何干。如占逃避危難。宜往杜門之方。又六丁六己六癸或六合天沖及生門方。以能生時干宮者。均可往避。若得丙加庚爲熒入太白。凡事將退。不必避。

出行占　以時干（責地盤）落宮。爲欲出行謀幹之人。所往何方之宮。有門奇吉格來生時干宮者。往必大利。比和者（如時干宮爲乾。所往方宮爲兌。乾兌皆屬金。爲比和。）亦利。反此不利。若所往方之宮。有凶門凶格。而又沖尅時干宮者。大凶。又時干年命臨空墓宮者。亦不利。

水陸占　坎爲水路。艮爲陸路。看使門宮生坎。則水道吉。生艮。則陸路吉。尅則不吉。又法。看休生二門所臨之宮。休門宮有三奇吉格者。宜水。生門宮有三奇吉格者。宜陸。

雇船占　以震宮爲船。看此宮天盤星之吉凶。察船主之善惡。得輔禽心大吉。沖任小吉。餘星爲凶。

宿店占　時干地盤責落宮。看天盤星逢蓬芮英柱凶星。防有惡人。餘星均吉。若此宮得門奇吉格者。雖有凶星。無礙。

道途占　以時干落宮前一宮看之。陽遁順。陰遁逆。如前一宮天盤得天蓬星。防遇盜。但時干宮得門奇吉格者。無礙。

歸期預定占　以天蓬星爲主。按坎宮爲九宮之始。故以其宮之蓬星。爲歸來之神。在內四宮。上半年回。在外四宮。下半年回。即以蓬星落宮之十二支位。定其歸期。

行期決定占　看時干宮在外爲去。在內爲不去。以開門落宮下得何干。定其行期。

逃避占　凡有危難逃避他向。專責杜門之方。即往其方避之。又看六丁。六己。六癸。或六合。天上天沖。及生門丁爲玉女。己爲地戸。癸分天綱高低。均利逃亡。陽時應責天盤。陰時應責地盤。所臨之方。生時干落方。均可往避。再得吉星門奇陰神。更吉。又凡避兵難者。看六庚。避盜賊看天蓬。避訟獄看六辛。時干宮爲當事人。必庚辛天蓬尅時干宮。又臨內地及加時干者。則當避。但不論尅時干加時干。祗要不臨內地。亦不必避。凡避仇家。宜分主客。先動者爲客爲陽。六丙主之。後動者爲主爲陰。六庚主之。如我應否逃避。則我先動爲客。當以六庚落宮尅六丙落宮。又臨內地。當避之。若六庚乘休囚之星而加丙。不必避。乘旺相之星而加丙。則當避也。又若六丙下臨六庚。爲熒入太白。凡事將退。不必避。

詞訟門

（提要）如占勝負。以開門爲問官。驚門爲訟神。值符爲原告。天乙爲被告。看開驚門生尅原被告以定。如占呈狀准駁。以景門爲呈狀。看開與景之生尅。如占刑罪輕重。以辛爲罪人。壬爲天牢。庚爲天獄。看開生尅辛宮。幷有無庚壬乘之。如占開釋日期。以六甲旬中壬所得之支。卽以冲尅其支之日爲期。

原被勝負占　如開驚二門俱尅天乙。（地盤值符宮）被告敗。俱尅值符。（天盤值符宮）原告敗。一尅天乙一尅值符。兩家俱敗。各以落宮決之。（凡占均看類神所落之宮。）又如開生原。驚尅原。或開尅原。驚生原。而彼與開驚所得生尅亦然。則以值符天乙落宮何者旺相爲勝。休囚爲敗也。（凡言衰旺。均視天地盤之干所乘星之衰旺。）

呈狀准駁占　開門宮生景門宮准。景門宮生開門宮不准。景尅開准。開尅景不准。又景門要落旺相宮。忌休囚。

刑罪輕重占　開門宮尅六辛宮。（責地盤）辛上又有庚壬臨之。罪重。再看六甲旬中之壬所得之支。（按以數時支定值使時。有一飛干壬加於何宮。此宮即爲所得之支。非泛言十二地支也。）有開生二門者。爲獄中有救。如甲辰旬中壬戌時。戌爲天牢。甲子旬中壬申時。申爲天牢。餘類推。

罪人釋否占　看地盤六辛所得之星旺不旺。如又得吉星吉門吉格。或尅開門宮。及與開門宮相生合者。其開釋必速。不備者稍遲。若開門宮尅地盤六辛宮。其星又休囚者。主牽纏。再看網之高低。癸爲天網。看地盤癸加一二八九宮。爲最高最低。加三四五六七宮爲不高不低。見第四章。以決開釋與否。其出獄日期。以六甲旬中壬所得之支。受沖尅之日爲其期。

牽連他人占　看地盤人年宮。如此宮天盤犯庚辛壬三干。主有牽連。局中再逢擊刑。主有刑罰。遇有凶格。及天網四張者。連累尤重。若有三奇吉門并吉格吉星者。無礙。

兩造和解占　以庚丙爲兩家相搆之人。原責天盤。被責地盤。六甲值符爲主和之人。必值符宮同生兩家。或同尅兩家。爲處事公平。則和成。若生一尅一。有偏私。不易和。但值符旺相。庚丙休囚。彼亦不得不和也。一法。以值符天乙爲原被告。以甲子戊或天輔爲解人。

詞訟通常占

此時遇門生宮。以宮爲主。應責地盤值符宮。合吉格。或上干生下干。或干在得令之宮。凡衰旺以干所得之星而言。如蓬星在坎宮。於時爲冬。爲得令。餘類推。而尅干上。或宮尅門。以宮爲主。宜宮尅門。不宜門尅宮。因訟得理。有貴人相扶得財。若干臨衰墓宮。如蓬星在離宮。於時爲夏。爲失令。逢上干尅下干。及門尅宮而合凶格。則是非重至。財破驚憂。若逢心星與開門生宮。主貴人扶持。若逢英景生宮。主文書得力。若逢生死門生宮。主得田產之益。如相尅。仍以八門所主推之。如開門尅宮。爲貴人見責之類。

走失門

（提要）以時干責地盤值符宮。即爲失主。金銀財帛責甲子戊。小兒責六合。婦女責太陰。幼女責天柱宮。男僕責天蓬。女婢責天芮。驢騾車船責傷門天冲。牛羊責死門天芮。視各類神與時干宮所臨內外。以斷遠近得失。以類神所在。爲亡失之方。類神宮旺相。上下相生。及吉門者。難獲。以庚格定其尋獲之期。又各類神乘玄武。或玄武剋類神。爲盜失。否則爲自遺。如問盜者所在。視玄武落宮之方。

走失占　以各類神落宮與時干落宮。分內外。以斷遠近。時干及類神宮俱在內。爲易尋。俱在外。爲難尋。若時干宮在外。類神宮在內。猶可尋。類神所在之宮。爲走失之方。如得旺相之星。并開休生杜四門者。不可得。反此可得。得九地太陰。有人潛藏。得九天。應遠去。得玄武。被人盜去。得縢蛇。有人盤詰羈縻。得勾陳。爲人勾引而去。又看庚格。年格年獲。月格月獲。日時格則日時獲。又類神無主客相對之勢。陽時應責天盤。陰時應責地盤。在坎宮。水畔廟中尋。艮宮。在東北高處尋。震巽宮。茂林中尋。離宮。高阜窰冶處尋。坤宮。古墓老婦家尋。兌宮。在鬧市處或宰殺處尋。乾宮。官貴家尋。中宮。鄰近家尋。若類神落日干墓庫及時旬空亡宮者。均不易尋。

失物占。凡占失物。金銀財帛等件。看甲子戊宮。如見玄武被人盜去。不見玄武。自己遺失。又若玄武落宮尅戊宮。戊宮生玄武。亦被盜去。甲子戊落宮空亡。無論盜去自遺。俱不可得。欲問得期。以戊落宮地盤干支決之。如問盜者所在。以玄武落方決之。陽星爲男。陰星爲女。又以玄武宮八卦體象決其形狀。

緝捕門

（提要）如占捕亡。以六合爲逃人。傷門爲捕者。要傷門尅六合。爲可捕。若六合尅傷門。不易捕。如占捕盜。以天蓬爲大盜。玄武爲竊盜。時干宮爲事主。亦視傷門及時干宮與蓬玄之生尅。以定捕否。捕獲之期。則視庚格。如問盜在何處。以蓬玄落宮八卦體象決之。物藏何方。以玄武所乘星之五行長生宮尋之。

捕亡占　以六合爲逃人。傷門爲捕者。如六合宮生傷門宮。自歸。尅傷門宮。難獲。傷門尅六合宮易獲。生六合宮。得賄不肯盡力。傷門六合同宮。主通同作弊。又看六癸天網在三四五六七宮。可獲。餘宮不可獲。得白入熒格必獲。又年月日時格。亦可獲。

捕盜占　天蓬爲大盜。玄武爲竊盜。以傷門宮爲捕人。杜門爲捕獲之方。時干宮爲失主。傷門或時干宮。尅玄蓬宮易捕。若傷門生玄蓬。受賄不力捕。玄蓬與傷門同宮。主通同爲盜。玄蓬尅時干宮。恐傷事主。尅傷門。有傷捕人。若傷門時干宮并尅玄蓬。捕無不獲。又杜門有格必獲。局中有年月日時格。亦可獲。不格不獲。若玄蓬并六庚。雖有時干宮尅之。亦主費力。

盜在何處占　以蓬玄類神落宮。爲盜賊所居之方。按八卦體象決之。若落時旬空亡宮。不必尋。在中宮。爲本家人盜去。

物藏何方占　以盜長生之處。便爲藏物之所。如玄武乘英星屬火。火長生在寅。即藏東北艮方。如乘芮禽任星屬土。土長生在申。即藏西南坤方。餘類推。

疾病門

（提要）如占病吉凶。以天芮星所臨宮爲病神。看此宮得生門者生。得死門者死。又看天芮之衰旺。以決醫治之難易。又病人年命宮旺相。并得門奇吉格者。易愈。人年入墓者凶。若天芮宮冲尅年命宮。亦凶。愈期以天芮星宮囚廢之日。及冲尅天芮宮干支之日爲其期。如占請醫。以天心星落宮。能冲尅天芮星落宮者。爲良醫。

病吉凶占　以天芮所臨之宮爲病神。以生死二門決之。天芮宮得生門者生。得死門者死。又看天芮落乾兌二宮爲旺。（天芮屬土。乾兌爲金。我生爲旺。餘類推。）不能治。落離宮中五。其病纏綿。落震巽宮。病神受尅。不藥而愈。落坎宮爲休囚。雖纏綿猶可醫治。新病落空亡者生。久病落空亡者死。再審病人本命年干落宮。得生門者生。死門者難愈。又年干帶死囚之氣。或帶凶神凶格者。亦死。得生門者可救。
若天芮落宮有凶神凶格。年命雖得旺相氣。而被天芮沖
尅者。亦死。又年命入墓者亦凶。倘年命宮得門奇吉格
上下相生合。不藥可愈。凡愈期。以天芮宮囚廢之月日
。或以尅天芮宮干支之日。合而決之。如甲乙木日尅戊
己土。爲尅干。或丑日沖未宮。爲沖支之類是。又如爲
父母占病。年干（指太歲）入墓者凶。爲子女占病。時干入墓
者凶。各以六親所主論之。

請醫占　以天心星爲醫者。又以乙奇爲醫者。所落之宮。
得門奇吉格。爲良醫。二神臨旺相之宮。不得門奇吉格
。爲時醫。不得旺相氣及門奇吉格。爲庸醫。不論良醫

庸醫。但能尅天芮病神之宮者。醫必有功。若病神落宮尅二神宮。雖良醫亦不能治也。

何病占　以天芮落宮決之。如芮星落離宮爲頭眼目病。在內爲心。在病爲火。均以九宮八卦體象推之。

身命宅地門

（提要）　如占流年。以所來方及本命宮。有無吉凶格。幷看此二宮得何門。以各門所主。斷其吉凶。如占遷移。以所遷方。視有無吉門吉格吉星以定。如占宅地。以生門爲住宅。死門爲地土。值符爲置宅地之人。視生死門有無吉格來生值符宮以定。如占墳塋。要死門宮天地盤星相生。幷得三奇吉格。再以陰神所主吉凶斷之。

流年利否占　以來人所立之方。與其年命所坐之宮。合而推之。來方得門奇吉格者。其流年必吉。年命落宮合門奇吉格者。亦吉。年命來方。俱合門奇吉格。幷得旺相之氣者。必有奇遇橫發。入地盤墓庫者。主昏晦。落空亡者。百事難成。入死門者死。傷門者病。驚門者口舌詞訟。景門者血光火災。杜門者憂疑難動。開門者見貴。休門者平安。生門者發財得喜。但須參酌門與宮之生尅。凶門相生不爲凶。吉門相尅未爲全吉也。又來方年命能入日祿日馬之宮。亦爲得財得官之應。

家宅吉凶占　以生門爲居宅。所落之宮與本日長生之宮。合而參之。本日長生宮天盤之星得旺相氣。並與地盤之星相生合。又得門奇吉格。門宮不相迫制。再與生門宮有相生之情者。主人宅興旺。若本日長生宮得門奇與生門宮相生。而天盤星被地盤星尅者。雖發旺不能久。若長生宮不得門奇吉格。不得旺相氣。又爲生門所尅者。宅不可居。主損丁破財。若長生宮儀奇入墓庫。主多疾病。落時旬空亡宮者。百事難成。

修宅占　凡修宅。以生門爲主。修造之方。得生門爲上。但門宮相迫。亦未爲吉。喜輔禽心三星及三奇四吉神并臨此方。

遷移占　看遷移方宮。有三奇吉門者吉。又看何星值符。如得天禽值符。四季皆吉。天輔值符。春夏大吉。天心值符。秋冬大吉。又遷移方宮。亦喜得輔禽心三吉星。

買宅地占　以值符爲買宅地之人。生門爲住宅。死門爲地土。二門得三奇吉格來生值符宮者。主買後發達。比和者平安。若二門休廢。再有凶神凶格來尅值符宮者。主買後破耗家財。若值符生此二門者。主因置產頹敗不利。若二門落空亡宮者。主買後復賣。非爲久業。以意消息之。

墳塋占　未葬之先占之。其法專責死門。並看天地盤星之生尅。以死門宮地盤之星爲死者。天盤之星爲生人。死門落宮得三奇吉格。而天盤星與地盤星相生比和者。死者安。反是不安。若地盤星生天盤星者。主存亡俱安。

後必興旺。門得反吟。遷之斯吉。落空亡者。主無地氣。破財傷丁。再以陰神所主吉凶斷之。

朕兆門

（提要）如占鴉鳴。以景門宮爲主。看其神所主以定吉凶。又看何方鳴。即以其宮所得吉凶格論之。如占雀噪看雀所臨方。若得三奇吉門。主有吉事相應。如占解夢。看時干宮。得三奇吉格而門星俱吉者爲吉。否則爲凶。落空亡爲虛幻。如占釋疑。看螣蛇宮及所見方。所得吉凶格決之。

鴉鳴占　凡見鴉鳴。急看景門。前一（即值符宮前一爲螣蛇也。）口舌。前二（太陰也）婚姻。前三六合。飲食歡忻。前四（勾陳也）鬥毆。財利相爭。值符後一。九天也事涉女人。後二九地。欺蔽奸淫後三之位。失物宜尋。更尋六丙。下值何神。謂丙落宮得何支也。河魁戌也在下。細細推尋。貴人有事。六畜有驚。從魁酉也在下。酒食邀迎。傳送申也在下。人來覓物。小吉未也在下婦人喜音。勝先午也在下。徵召來臨。太乙巳也在下。大吏相尋。天罡辰也在下。爭鬥訟興。太冲卯也在下。親戚相遇。神后子也在下。事主奸淫。功曹寅也在下。慶賀遷升。登明亥也在下。官吏公文。又看何方鳴。卽以其方之宮有吉門吉格者吉。凶門凶格者凶。

雀噪占　看雀所臨方。得何門奇以決之。得開門又得奇。主貴人親朋至。或行人遠來及得酒食。得休門又得奇。

主喜事喜信及婚姻事。得生門又得奇。主田宅財物事。不得三奇吉門。及門迫奇墓。俱主無關係。更看景門臨宮。有吉格門奇者喜信。無門奇有凶格者凶信。

解夢占　以時干宮爲主。看有何星門加之。星門俱凶而得三奇吉格。或無三奇吉格而星門俱吉者。其夢吉凶兩無。若得星門俱吉。又有三奇吉格者。主有喜事相應。但落時旬空亡宮。即屬虛幻。

釋疑占　如心有憂疑。則責螣蛇之宮。如見有朕兆。則以所見之方。察此二宮。有無門奇及吉凶格論之。

中華民國三十年辛巳仲冬初版

奇門詮正（全一冊）

實價國幣肆元整

郵運匯費另加

編著者　上虞曹仁麟

發行者　唫梅書屋

印刷者　中華書局

經售者　千頃堂書局　上海三馬路望平街口

各大書局

占筮類			
1	擲地金聲搜精秘訣	心一堂編	沈氏研易樓藏稀見易占秘鈔本
2	卜易拆字秘傳百日通	心一堂編	
3	易占陽宅六十四卦秘斷	心一堂編	火珠林占陽宅風水秘鈔本
星命類			
4	斗數宣微	【民國】王裁珊	民初最重要斗數著述之一；未刪改本
5	斗數觀測錄	【民國】王裁珊	失傳民初斗數重要著作
6	《地星會源》《斗數綱要》合刊	心一堂編	失傳的第三種飛星斗數
7	《斗數秘鈔》《紫微斗數之捷徑》合刊	心一堂編	珍稀「紫微斗數」舊鈔
8	斗數演例	心一堂編	秘本
9	紫微斗數全書（清初刻原本）	題【宋】陳希夷	斗數全書本來面目；有別於錯誤極多的坊本
10–12	鐵板神數（清刻足本）——附秘鈔密碼表	題【宋】邵雍	無錯漏原版 秘鈔密碼表　首次公開！
13–15	蠢子數纏度	題【宋】邵雍	蠢子數連密碼表 打破數百年秘傳　首次公開！
16–19	皇極數	題【宋】邵雍	清鈔孤本附起例及完整密碼表 研究神數必讀！
20–21	邵夫子先天神數	題【宋】邵雍	附手鈔密碼表 研究神數必讀！
22	八刻分經定數（密碼表）	題【宋】邵雍	皇極數另一版本；附手鈔密碼表
23	新命理探原	【民國】袁樹珊	子平命理必讀教科書！
24–25	袁氏命譜	【民國】袁樹珊	
26	韋氏命學講義	【民國】韋千里	民初二大命理家南袁
27	千里命稿	【民國】韋千里	北韋
28	精選命理約言	【民國】韋千里	北韋之命理經典
29	滴天髓闡微——附李雨田命理初學捷徑	【民國】袁樹珊、李雨田	命理經典未刪改足本
30	段氏白話命學綱要	【民國】段方	民初命理經典最淺白易懂
31	命理用神精華	【民國】王心田	學命理者之寶鏡

32	命學探驪集	【民國】張巢雲	發前人所未發 稀見民初子平命理著作
33	澹園命談	【民國】高澹園	
34	算命一讀通——鴻福齊天	【民國】不空居士、覺先居士合纂	
35	子平玄理	【民國】施惕君	
36	星命風水秘傳百日通	心一堂編	
37	命理大四字金前定	題【晉】鬼谷子王詡	源自元代算命術
38	命理斷語義理源深	心一堂編	稀見清代批命斷語及活套
39－40	文武星案	【明】陸位	失傳四百年《張果星宗》姊妹篇 千多星盤命例 研究命學必備
相術類			
41	新相人學講義	【民國】楊叔和	失傳民初白話文相術書
42	手相學淺說	【民國】黃龍	民初中西結合手相學經典
43	大清相法	心一堂編	重現失傳經典相書
44	相法易知	心一堂編	
45	相法秘傳百日通	心一堂編	
堪輿類			
46	靈城精義箋	【清】沈竹礽	沈氏玄空遺珍 玄空風水必讀
47	地理辨正抉要	【清】沈竹礽	
48	《玄空古義四種通釋》《地理疑義答問》合刊	沈瓞民	
49	《沈氏玄空吹虀室雜存》《玄空捷訣》合刊	【民國】申聽禪	
50	漢鏡齋堪輿小識	【民國】查國珍、沈瓞民	
51	堪輿一覽	【清】孫竹田	失傳已久的無常派玄空經典
52	章仲山挨星秘訣（修定版）	【清】章仲山	章仲山無常派玄空珍秘 門內秘本首次公開
53	臨穴指南	【清】章仲山	
54	章仲山宅案附無常派玄空秘要	心一堂編	沈竹礽等大師尋覓一生 末得之珍本！
55	地理辨正補	【清】朱小鶴	玄空六派蘇州派代表作
56	陽宅覺元氏新書	【清】元祝垚	簡易・有效・神驗之玄空陽宅法
57	地學鐵骨秘 附 吳師青藏命理大易數	【民國】吳師青	釋玄空廣東派地學之秘
58－61	四秘全書十二種（清刻原本）	【清】尹一勺	玄空湘楚派經典本來面目 有別於錯誤極多的坊本

62	地理辨正補註　附 元空秘旨　天元五歌　玄空精髓　心法秘訣等數種合刊	【民國】胡仲言	貫通易理、巒頭、三元、三合、天星、中醫
63	地理辨正自解	【清】李思白	公開玄空家「分率尺、工部尺、量天尺」之秘
64	許氏地理辨正釋義	【民國】許錦灝	民國易學名家黃元炳力薦
65	地理辨正天玉經內傳要訣圖解	【清】程懷榮	秘訣一語道破，圖文并茂
66	謝氏地理書	【民國】謝復	玄空體用兼備、深入淺出
67	論山水元運易理斷驗、三元氣運說附紫白訣等五種合刊	【宋】吳景鸞等	失傳古本《玄空秘旨》《紫白訣》
68	星卦奧義圖訣	【清】施安仁	三元玄空門內秘笈　清鈔孤本 過去均為必須守秘不能公開秘密 與今天流行飛星法不同
69	三元地學秘傳	【清】何文源	
70	三元玄空挨星四十八局圖說	心一堂編	
71	三元挨星秘訣仙傳	心一堂編	
72	三元地理正傳	心一堂編	
73	三元天心正運	心一堂編	
74	元空紫白陽宅秘旨	心一堂編	
75	玄空挨星秘圖　附 堪輿指迷	心一堂編	
76	姚氏地理辨正圖說　附 地理九星并挨星真訣全圖　秘傳河圖精義等數種合刊	【清】姚文田等	蓮池心法　玄空六法 門內秘鈔本首次公開
77	元空法鑑批點本——附 法鑑口授訣要、秘傳玄空三鑑奧義匯鈔　合刊	【清】曾懷玉等	
78	元空法鑑心法	【清】曾懷玉等	
79	曾懷玉增批蔣徒傳天玉經補註【新修訂版原（彩）色本】	【清】項木林、曾懷玉	
80	地理學新義	【民國】俞仁宇撰	揭開連城派風水之秘
81	地理辨正揭隱（足本）　附連城派秘鈔口訣	【民國】王邈達	
82	趙連城傳地理秘訣附雪庵和尚字字金	【明】趙連城	
83	趙連城秘傳楊公地理真訣	【明】趙連城	
84	地理法門全書	仗溪子、芝罘子	巒頭風水，內容簡核、深入淺出
85	地理方外別傳	【清】熙齋上人	巒頭形勢、「望氣」「鑑神」
86	地理輯要	【清】余鵬	集地理經典之精要
87	地理秘珍	【清】錫九氏	巒頭、三合天星，圖文並茂
88	《羅經舉要》附《附三合天機秘訣》	【清】賈長吉	清鈔孤本羅經、三合訣法圖解
89-90	嚴陵張九儀增釋地理琢玉斧巒	【清】張九儀	清初三合風水名家張九儀經典清刻原本！

91	地學形勢摘要	心一堂編	形家秘鈔珍本
92	《平洋地理入門》《巒頭圖解》合刊	【清】盧崇台	平洋水法、形家秘本
93	《鑒水極玄經》《秘授水法》合刊	【唐】司馬頭陀、【清】鮑湘襟	千古之秘，不可妄傳匪人
94	平洋地理闡秘	心一堂編	雲間三元平洋形法秘鈔珍本
95	地經圖說	【清】余九皋	形勢理氣、精繪圖文
96	司馬頭陀地鉗	【唐】司馬頭陀	流傳極稀《地鉗》
97	欽天監地理醒世切要辨論	【清】欽天監	公開清代皇室御用風水真本
三式類			
98－99	大六壬尋源二種	【清】張純照	六壬入門、占課指南
100	六壬教科六壬鑰	【民國】蔣問天	由淺入深，首尾悉備
101	壬課總訣	心一堂編	過去術家不外傳的珍稀六壬術秘鈔本
102	六壬秘斷	心一堂編	
103	大六壬類闡	心一堂編	
104	六壬秘笈——韋千里占卜講義	【民國】韋千里	六壬入門必備
105	壬學述古	【民國】曹仁麟	依法占之，「無不神驗」
106	奇門揭要	心一堂編	集「法奇門」、「術奇門」精要
107	奇門行軍要略	【清】劉文瀾	條理清晰、簡明易用
108	奇門大宗直旨	劉毗	天下孤本　首次公開 虛白廬藏本《秘藏遁甲天機》
109	奇門三奇干支神應	馮繼明	
110	奇門仙機	題【漢】張子房	奇門不傳之秘　應驗如神
111	奇門心法秘纂	題【漢】韓信（淮陰侯）	
112	奇門廬中闡秘	題【三國】諸葛武侯註	
選擇類			
113－114	儀度六壬選日要訣	【清】張九儀	清初三合風水名家張九儀擇日秘傳
115	天元選擇辨正	【清】一園主人	釋蔣大鴻天元選擇法
其他類			
116	述卜筮星相學	【民國】袁樹珊	民初二大命理家南袁北韋
117－120	中國歷代卜人傳	【民國】袁樹珊	南袁之術數經典